博瑞森图书
BRACE

企业阅读 本土实践

管理·人文·生活

手把手帮建材家居导购业绩倍增

——成为顶尖的门店店员

熊亚柱◎著

生动还原场景　专家全程指导
一本在手，业绩无忧

中华工商联合出版社

图书在版编目（CIP）数据

手把手帮建材家居导购业绩倍增：成为顶尖的门店店员/熊亚柱著.
—北京:中华工商联合出版社，2015.1

ISBN 978-7-5158-1203-8

Ⅰ.①手… Ⅱ.①熊… Ⅲ.①建筑材料－销售－基本知识 Ⅳ.①F765

中国版本图书馆 CIP 数据核字（2014）第 303802 号

手把手帮建材家居导购业绩倍增：成为顶尖的门店店员

作　　者： 熊亚柱
责任编辑： 于建廷　臧赞杰
责任审读： 郭敬梅
封面设计： 久品轩设计
责任印制： 迈致红
出版发行： 中华工商联合出版社有限责任公司
印　　刷： 北京宝昌彩色印刷有限公司
版　　次： 2015 年 5 月第 1 版
印　　次： 2018 年 5 月第 2 次印刷
开　　本： 787mm×1092mm　1/16
字　　数： 200 千字
印　　张： 14.5
书　　号： ISBN 978-7-5158-1203-8
定　　价： 45.00 元

服务热线： 010－58301130
团购热线： 010－58302813
地址邮编： 北京市西城区西环广场 A 座
19－20 层，100044
http：//www.chgslcbs.cn
E-mail：cicap1202@sina.com（营销中心）
E-mail：gslzbs@sina.com（总编室）

博瑞森图书：企业阅读　本土实践

亲爱的读者朋友：

也许您是博瑞森图书的老读者，也许是新朋友，欢迎您阅读博瑞森图书！

当今中国，各行各业都存在着转型升级的压力与机遇。博瑞森图书与您一同应对转型挑战并发现其带来的机遇。

我们一直在问：什么样的书能为您解决管理难题并带来启发？

我们一直在找：哪些作品能帮助企业从跟随到领先？

我们一直在做：把最好的作品以最便捷的方式呈现给您，纸质版、电子版、书摘邮件、微信……

我们策划图书的原则是：

- 企业阅读——与您一样，做水中的游泳者，而非岸上的观众或教练，企业的困惑就是我们的任务。
- 本土实践——与您一样，立足本土环境，追求卓越实践，传播最适合当下中国企业的管理之道。

我们也向所有的企业管理者、管理咨询专家和企业研究者征稿，让更多被实践检验的好思想、好方法迸发出来，为企业助力！（bookgood@126.com 或 QQ：1963328416 或手机号 13611149991，绝非“自费出书”，不向作者收取任何费用）

如果有一天，您把博瑞森图书视为您优秀的事业伙伴、管理助手，我们也就实现了自己的梦想。

博瑞森图书

前言

店里乾坤大，铺中日月长，小小方圆地，谁人乐更长？

店面的业绩是门店人员最核心的任务，而其中市场风云变幻，顾客形形色色，店员不乏钩心斗角，作为小小导购的你，该如何操作才能脱颖而出，在方寸之地建立自己的功勋伟业。

你曾经为卖货磨破嘴、为客户跑断腿，可曾想过有何方法破解！

你曾经为一个客户与姐妹撕破脸，可曾想过还别有他法！

你曾经被领导训得只能默默哭泣，可曾想过有一天你也可以管理他！

你曾经是一张白纸，进入店铺两眼茫茫，四处撞墙！

可曾想过柔弱变刚强有何良方？

你曾见别人汽车洋房，我的前途在何方？

也许你想过，

也许你没有想过，

当你拿起这本书时，

这些都不重要了，

因为我替你想到了。

本书将所有店员遇到的核心问题，通过一个个生动的案例故事解析的方法，深入浅出，娓娓道来，我们一起探讨，共通交流，店员导购的成长梦。

引　子

从一次店长会议开始……

国庆节的欢愉还没有过去，大卖场的硝烟刚刚平息，现在是打扫战场的时候了。在建材家居行业中，后期的跟踪服务是十分重要的，顾客能否真正地属于你，与后期的订单处理流程相关。

富森店的店长张海英是一个很有魄力的老店长，做事情干练果断，今天的晨会她有话要说：

各位 D&P 的伙伴们，大家好！

今天，我们的晨会非常特别，我要向大家宣布几件重要的事情，这是我们开店以来十分具有纪念意义的事。

我们店的十一促销活动非常成功，以 368 万元的销售额位居商场业绩第一名，大家自我掌声鼓励一下。

我们举办的这次活动有成功也有不足之处，成功的地方是前期的公司宣传策划工作做得十分到位；然而，在接待中，我们有些同事经验不足，给顾客留下了不好的印象，在接下来的日子里，我们需要在服务方面进行快速提升与改进，让我们的团队更加具有战斗力。

总部聘请了顾问公司进行店铺营业力提升咨询，要对我们的公司进行全面的诊断、咨询和系统的帮扶工作，我们店铺很荣幸地被选为专家顾问团试点店铺。入住我们店铺的是营业力提升专家熊老师，熊老师有多年的咨询工作经验，对于终端店铺业绩提升和人员技能提升有独到的见解和系统的方法。

希望大家给予积极的配合，当然，更多的是虚心请教，借此机会好好学习系统的理论知识和操作方法，进而改善我们的店铺绩效，使我们店铺的业绩更上一层楼。

现在，我们请熊老师给我们讲两句，大家掌声欢迎！

熊老师慢慢站起身，踱步走上讲台，开始他的讲话：

D&P 集团公司的伙伴们，大家好！

在过去的几年中，房地产行业发展迅猛，带动了建材家居产业的蓬勃发展，然而在 2008 年经济危机之后，各个行业逐渐走向低迷，建材家居行业也不例外，于是各个企业市场竞争越来越激烈。在原来的市场，“奶酪”到处都有，谁吃得多，谁就是大赢家，但现在的市场情况是“奶酪”就这么几块，你吃了我就没有吃的，这样，各个企业不得不抢夺竞争对手的“奶酪”。在这样的环境下，什么样的企业能够胜出呢？哪里才是我们突破的关键点呢？什么才是我们战胜竞争对手的有力武器呢？

两个字映入我们的眼帘——终端，我们常常把终端比作一根针的针鼻，所有的线都要从这里穿过，战略、创新、产品、物流、服务、技术等都必须依靠终端来实现。因此，各位所在的地方，就是现代企业竞争力的核心，是企业的突破点，而你们每个人都是企业战胜竞争对手的有力武器。

在接下来的时间里，我们咨询公司的团队要同大家并肩战斗，我们共同研究这个店铺的业绩如何才能提升，应该怎样提升？在这过程中，各位可能有很多的疑问，比如你不知道如何操作，不知道策略该如何调整，不知道行为该如何改变？

这些疑问都没关系，我们一起探讨，一起研究，一起解决，让我们店铺业绩得到快速提升。

今天我不说很多，未来的日子里我们会有更深入地接触，希望大家有任何疑问，需要我的帮助，可以用以下各种方式联系我：

QQ：439475756　　　邮箱：x_yazhu@163. com

微信号：x_yazhu　　　微博：http：//weibo. com/xiongyazhu

手机：15000723899

人常说："前世的500次回眸换今世的擦肩而过"，接下来我们要一起工作一年之久，估计我们上辈子没有干什么事情，一直回头了（大笑），那么今世，我们珍惜这来之不易的缘分，好好做点事，欢迎大家有事没事地骚扰我！（欢笑）

谢谢大家！

本书相关的背景和人物

D&P 建材家居集团公司：

D&P 建材家居集团公司是建材家居行业最大的集团公司之一，是中国首屈一指的建陶行业的标杆品牌，D&P 品牌价值超过 120 亿元，公司拥有多项产业，产品涉及瓷砖、家居、卫浴等领域，终端门店 2000 余家，聘请咨询公司专家团队入住各大区域，进行《单店营业力提升项目》咨询，并提供针对性的市场终端门店贴身帮扶，帮助店铺处理与业绩提升有关的一系列问题。

恒毅代理公司：

恒毅公司从 2003 年成立以来，获得了 D&P 品牌在西部地区的代理权，从第一家店铺开业到现在有 10 多年的发展历程，从原来的 10 名员工到现在 300 多名，从几百万元到现在上亿元的销售额，但始终没有摆脱"家庭化"的管理，公司老板很希望能够实现公司化运作管理，并不断地努力改变，但是收效甚微。

富森店：2003 年开店，到现在有 10 多年的历史，见证了整个公司的发展壮大。老店面积小，装修也一般，但是人气超旺，年销售业绩稳定在 1000 万元左右，公司的发展历程是从这家店开始的。

红星店：伴随着红星美凯龙的扩张，建材行业的发展，红星店是一颗璀璨的新星，起初经营一般，但通过人员调整及一系列营销手段的运用，大有后来者居上的气势，店铺人员也备受老板的重视。

金明：品牌经理。金明是跟随老板的第一批创业人，是公司的开山功臣，现在店铺多了，金明自然就成了管理各个店的品牌经理，负责商场沟通、厂家协调、店长管理、店铺巡查等一系列工作，工作任劳任怨，兢兢业业。辛勤和汗水成就了一位干练的管理者。

张海英：富森店店长，执掌店铺多年，是富森店的开山功臣，深得老板的信任。据传闻，她有富森店的利润分红权，别家店铺没有的待遇和权力她这家店可以特批获得，所以，很多其他店铺的店员都希望能到她手下做事情。她对员工要求严格，有时候也会翻脸无情，店员私下里给她送了个绰号“铁包公”，她自己装作不知道。

李燕：李燕是商场的老员工，与商场的某部门领导有点亲戚关系，在商场转制后，通过关系把她“推荐”到业绩非常好的富森 D&P 店，经理碍于情面不得不收。李燕的销售能力还可以，但是由于年龄大，形象一般，思维老化还很固执，与其他店员的关系一般。虽然如此，表面上店员都尊称她为“李姐”。

庞欢：她是店铺的开心果，每天都是笑眯眯的样子，说话很爽朗。她很喜欢做导购，销售技能很好，也很勤快，但是有点没心没肺，不知道轻重缓急，需要店长经常提醒和指派工作。经过不断地历练和成长，在后期被提拔为红星店店长。

毛小蒙：跟她的名字一样，毛小蒙是一个新来的大学生，进入 D&P 集团没有多久，作为储备干部到店铺实习，大学本科毕业的她在一群中专生中鹤立鸡群，难免心气颇高，但实际上对销售工作还是一窍不通。后期经过学习和锻炼成为一名优秀的导购员。

孙可毅：孙可毅是一个小小的富二代，听父母之命学了计算机程序设计，但他不喜欢，毕业后不知道要做什么，做销售工作只是过渡，销售能力很差。在全都是女性的店铺里面，阴盛阳衰，他是唯一的一片绿叶，是店铺的润滑剂。偶尔店铺的电脑系统出现故障，他还是半个电脑医生，也算有一技之长。

熊老师：某营销管理集团公司专家顾问，入驻 D&P 品牌进行帮扶指导，在整个帮扶过程中，与各个门店的店长和导购围绕店铺销售、店员成长、店长管理等课题进行深入交流，并做系统指导，以其精准的分析、有效的方法策略受到店长、导购的欢迎。

目录
Contents

第一章

Chapter 1

三把神沙定乾坤

古语有云："没有三把神沙，不敢倒反西岐"，要干大事必有"法宝"。作为导购员，应该具有哪些"法宝"呢？什么样的"法宝"才能在关键时刻助导购员一臂之力呢？这是一个优秀的导购员遇到的第一个问题，对这个问题的理解不同，行为也会不同，销售业绩也就大相径庭。

那么，能使导购员无往而不胜的销售"法宝"是什么呢？

六祖慧能讲："菩提只向心觅，何劳向外求玄"，这个答案应该向我们的内心来寻求，内心乾坤若定，神沙随手可得。

一、自己是产品的第一卖点

店长张海英开完晨会的第二天，毛小蒙找到熊老师，叙述了她的困惑。原来昨天店长说有人需要提升技能，不要拖后腿之类的话，暗指的就是她，毛小蒙很委屈，就找熊老师诉苦。

毛小蒙来店铺不久，是国庆大促销前来的，因为店里人员都在准备打这场硬仗，就没有人指导她，告诉她该做什么。

店长张海英丢给她一本产品手册后说："小蒙，把这个用一个星期的时间背下来，里面产品卖点之类的都有。"毛小蒙很听话得背起来，什么是抛光砖，瓷砖是多少温度烧出来的，怎么样的产品才是好产品等。

毛小蒙兴致勃勃地想："这次大促销我一定大显身手，多拿几个单子给大家看看我毛小蒙可不是吃素的。"在促销活动现场，毛小蒙发现先前背诵的东西都用不上，别说成交了，甚至顾客感觉她的介绍都很生硬，最后，她只能成为给顾客端茶递水的角色，根本不是在做销售工作。

毛小蒙认为：是店长没有教我销售技巧就让我进行销售工作，本来是店长培训不到位，结果店长却暗语讽刺我不努力，我能做的都做了，还要我怎么样？

同时，毛小蒙也很纳闷，为什么我背诵了那么多的产品知识，在销售过程中怎么一点都不管用，问题到底出在哪里呢？

毛小蒙：熊老师，您帮我分析分析，我应该怎么办呢？

熊老师：首先，你认为是店长的错，她的确犯了两个错误：

第一，粗放式、放任式培训。店长随便丢给你一本产品手册对你放任自流，置之不理，这的确是不对的，也证明她的管理能力还有待提升。

第二，没有人指导。最基本的，店长应该委派一位老员工做你的领路人，这样，你有事情可以找她请教，你就不会在七天的促销中表现不佳，内心很纠结了。

其次，我也要说句公道话，店长的确应该承担一定的责任，但不是全部。你们店长的问题我在后期的交流中会帮助她改进的，我们现在先聊聊你的问题。

毛小蒙：我有什么问题？

熊老师：当然有了，为什么你记了那么多产品知识却不起作用呢？我现在告诉你一句话：**"你自己才是产品的第一卖点"。你把这句话写下来，这句话在你做销售的任何时刻都能发挥无穷的威力。**店长让你背诵产品知识，你要清楚那只是道具而已，你关注的核心焦点应该是你自己，你没能把自己先卖给顾客，顾客是不会买你介绍的任何产品的。

毛小蒙瞪着大眼睛，好像在思考，又好像在发呆，似懂非懂的竖着耳朵听着……

熊老师：导购是引导顾客购买产品的人，但销售工作没有定式可循，如果有，就是到任何时候都要考虑把自己销售出去。

举例说明，你现在埋怨店长没有教你销售技巧，那么在你遇到问题的时候，你有主动找她沟通吗？你会说她很忙，那么你要求她派个人提携你或是把你和谁编为一组，你们共同做事不是会让你学习成长得更快吗？你当时为什么没有这样做呢？

如果你和店长有距离感，那么你有去求助同事吗？优秀销售人员的最大特质就是在现有条件下寻求资源和支持的能力。**你把自己先卖给同事，你就会获得同事的支持；你把自己卖给客户，客户就会帮助你完成业绩。**你才刚刚进入销售行业，还没有找到路径，以后你一定会理解我说的话的。

毛小蒙：熊老师，您说的或许很对，但是同事却不是这么做的，我感觉他们就不是把自己卖给客户，很像是骗人。

熊老师：噢，说来听听……

> 一位顶级的业务员什么都能卖，因为顾客要买的不是商品，而是你这个人。
>
> ——乔·吉拉德

二、信心是产品销售的原动力

毛小蒙：那天，我与庞欢一起接待客户，我的主要工作是给客户端茶递水，送资料之类的，我有时间就观察她运用了哪些销售技巧，我也想学一学。

有一对老夫妻顾客她跟了很久，前期电话沟通好几次，也到店铺来看过两次，很喜欢一款金花米黄的瓷砖，马上就要成交了。没有想到这次老两口把设计师带来了，设计师说这款不好看，双方交涉了一会，老太太认为设计师说得有一定道理，而老大爷没有表态。

这时候，庞欢对设计师说："你认为我们这款瓷砖铺在地上效果不好，这是不可能的，我在这里卖了 5 年的砖了，这款产品我不知道卖了多少，没有一位顾客反映效果不好的。"回头又对老太太说："大娘您放心，如果这款砖铺在地上有任何问题我负责到底。"

我听了这话差点笑出来，还好我当时拿着一个本子挡着嘴咳嗽了一下，躲过去了。庞欢来我们店铺一共才一年半的时间，怎么可能卖那款砖卖了 5 年呢？

熊老师，您说这不是忽悠人吗？

熊老师：那庞欢销售成功了吗？

毛小蒙：当然，后来老爷子说话了，他们认为设计师一直说我们的产品不好，推荐其他产品，可能与其他厂家有猫腻，所以就不采纳设计师的建议。而设计师好像也被镇住了，没有说什么。

熊老师：你知道为什么吗？

这不是骗人，这也不是技巧，我给它起一个时髦点的名字叫“移情大法”，我今天送给你的第二句话：**“销售是信心的传递和热情的转移”，**任何时候，信心都是产品销售的原动力，没有信心是销售不出去产品的。客户在购买产品前对产品是不了解的，是害怕的状态，而产品本身又是无情的，顾客要通过你这个鲜活的人物来体验这个产品，而你对产品的信心有效地传递给顾客时，顾客对产品也就有了十足的信任，他才能决定购买产品。这是销售的第二层境界，当你把自己卖给顾客时，他信任了你这个人，当你用你的信心和魅力把产品鲜活地传递给顾客时，顾客就一定会在你这里购买这个产品。这个过程如图1－1所示：

图1－1　用你的热情让顾客产生冲动

我再讲一个《卖辣椒》的小故事，故事中人的说法不一定正确但可以帮你理解：

卖辣椒的人总会遇到这样的问题：“你这辣椒辣吗？”怎么回答呢？说辣吧，怕辣的人马上走了；答不辣吧，也许人家喜欢吃辣的，生意还是做不成。

有一个方法是把辣椒分成两堆，有人要辣的就说这堆辣，要不辣的就告诉他那堆不辣。而有一位卖辣椒的大姐不这么做，她的方法很特别。

一个买主来了，问：“辣椒辣吗？”

卖辣椒的大姐很肯定地告诉他：“颜色深的辣椒辣，浅的辣椒不辣！”

于是，买主信以为真，挑好自己喜欢的，付了钱，满意地走了。不一会儿，颜色浅的辣椒就所剩无几了。

又有个买主来了，问的还是那句话："辣椒辣吗？"

卖辣椒的大姐看了一眼自己的辣椒，随口答道："长的辣，短的不辣！"果然，买主就按照她的分类标准开始挑选。这轮的结果是，长辣椒很快告罄。

这时剩下的都是深颜色的短辣椒，这位卖辣椒的大姐还能有什么说法？

当又一个买主来问"辣椒辣吗？"的时候，卖辣椒的大姐信心十足地回答："硬皮的辣，软皮的不辣！"被太阳晒了半天，确实有很多辣椒因失水变得软绵绵了。

你从中悟出点什么没有？销售没有一定之规，最重要的就是你自己怎么卖，这位大姐卖的是辣椒吗？卖的是自己的信心、热情与智慧。

所以销售的真经是这样的：

1. **生客卖的是礼貌；**
2. **熟客卖的是热情；**
3. **急客卖的是效率；**
4. **有钱客户卖的是尊贵；**
5. **时髦客户卖的是时尚；**
6. **豪客卖仗义；**
7. **享受型客户卖的是服务；**
8. **挑剔型客户卖的是细节；**
9. **犹豫型客户卖的是保障；**
10. **慢客卖的是耐心；**
11. **没钱客户卖的是实惠；**
12. **专业客户卖专业；**
13. **小气客户卖利益；**
14. **虚荣的客户卖的是荣誉；**
15. **随和型客户卖的是认同感。**

这些方法都不是卖产品本身，而是人的感觉，人的认知。你卖的是一种感觉，顾客感觉到你符合他要求的认知，他就会购买你的产品；一个顾客对你的认知是淳朴与实在，如果你能把这个感觉卖给顾客，顾客自然也会购买你的产品！

你明白了吗？

毛小蒙：我明白了，跟谈恋爱差不多，我如果喜欢一个人就会愿意陪他吃饭、聊天、看电影，他说什么都同意；他如果也喜欢我，就愿意为我买玫瑰花、礼物、iPhone6。我们之间有信心又有热情，对吧！

熊老师：对，这方面我应该向你学习，不过我没给我老婆买过东西，她也嫁给我了，那又是什么呢？

毛小蒙：噢，那应该是传说中的“真爱”吧，哈！哈！

熊老师：好了，不闲聊了，你还有什么问题吗？

毛小蒙：问题没有了，只是有一个现象我觉得比较奇怪。

熊老师：什么现象？

三、意念让你销售无往而不利

毛小蒙：我想了解店长有什么技巧，是不是天天只是督促别人，自己却不会做呢？我听说店长很擅长销售，店铺里的销售大单都是她谈下来的，有一单销售额为35万元的别墅单子是公司到目前为止最大单笔销售记录。凭什么她有那么大本领呢？我看她平时也不接待客人，大家都忙不过来了，她才帮忙接待；或者谁求助她，她才参与价格商谈，进而搞定客户。这些我觉得没有什么销售技巧，店长有资源吗？可以给客户让利吗？要是有，我也可以给客户那个折扣，我也可以搞定客户。

但是也很奇怪，这几天我认为不可能成单的客户，都被她谈下来了，成交了，大大小小的客户都有。她跟客户聊天不像是销售，很像聊家常：多大面积啊？什么时候进场啊？给儿子办喜事啊？好事情啊！恭喜啊！以后要抱孙子的，材料要选环保的，我们这款很不错，每次来人我都推荐这款，你看看等。随随便便就成交了，观察了好几天，可我却学不会，不知道问题出在哪里。

熊老师：高手做销售跟生活中聊天没有太大区别，这里我送你第三句话：**“意念让你销售无往而不利”，**销售高手一般内心有一个意念，就是“他一定会买的”。

那么意念到底是什么意思呢？打太极拳要求“用意不用力”，意念看起来很虚幻，其实生活中有很多真实的案例。比如老虎伍兹打球，每次挥杆前都想象自己一杆挥下去，球入洞的情景。还有投篮练习，曾经，外国有这样的实验训练，让两组投篮选手练习投篮，一组天天用真实的球练习，而另一组用球练习一段时间后，就用意念想象，想象自己投篮入筐的情景。结果，第二组队员的技术比第一组进步快。而优秀的销售员也是一样的，任何一位顾客进店后，他们从意念当中想象并告诉自己：他一定会买我的产品，最后顾客真的购买了他的产品。

我跟很多销售高手交流都得到这样的结论。或许你会想一定会有人不买你的产品啊！对的，没错，但是从长远的角度考虑，他不买他的亲戚有可能买，他不买他的朋友有可能买，他不买他的同事有可能买，他周围相关联的至少250个人有可能买，这就是乔吉拉德的“250”理论。客户不是一个人在战斗，而是一个团队，你服务好他，他会成为你的宣传点。其中一个销售高手说，有的客户7年后还会去找他再购买产品，这时候，不用任何介绍，给客户什么，客户就要什么。一个人在一个岗位上干了7年，这本身就是品牌，这个行为告诉顾客，你在我这里买东西是最明智的选择。所以，销售高手接待任何一个顾客时都想象他一定会购买。

如果你还不理解，我再说一个训练销售员的意念的例子。

安利培训一个没有做过销售的新人时，先让他找一个朋友，每天就去他朋友家说：“这管牙膏很好，你应该买一管。”第一天，他这位朋友不愿意，这没有关系，主管告诉他第二天再去，一次不行，两次，两次不行，三次。主管不是要折磨新人，而是用这种方式来锻炼新人的意志力。如果拜访15次后成功了，那么他的毅力的功力就达到15次，如果遇到30次的客户，他的功力就达到30次。最厉害的是保险界的推销之神——日本人原一平，他拜访一个顾客15年，这种销售人员的意志力是非凡的，最后形成自己必胜的信念，其实意念就是信念升华后的无形体现。

意念是隐形的，从内散发一团精气神，你去看看真正的业务高手，表面看起来并不是十分的干练，反而有些内敛，但骨子里透出来的神韵让你无法拒绝。在不知不觉中顾客就被征服了，这是做销售的最高境界啊！

还有一个培训公司征服顾客的例子，下面是这位顾客的自述。

“你知道思八达吗?”这个公司不是一般的邪性，那是太邪性了！这家公司一直给我打电话，推销刘一秒的课程，很贵，而且听着神乎其神，作为身价300亿元企业家的我怎么可能去呢？后来电话打来我不接。他们的销售小姐真的很有毅力，每天都给我发短信，早晨发励志格言，晚上发养生信息。

前些天，他们要祝我中秋节快乐，送了一个包裹到公司前台。我打开后发现，是一个装有900多枚“幸运星”的玻璃瓶。我不确定现在的人们还知不知道什么是“幸运星”，不过在十几年前，我上中学的时候，用细长的彩色纸条折叠“幸运星”几乎是每个小女生必修的“女红”。留言说是亲手给我叠的，据说是从我第一次拒绝她开始叠，每叠一个就许一次愿，相信叠到第999个的时候我一定会接受他们公司的课程！

这种推销的方法不新鲜，但是有人真的在现实中这么做也确实很吓人，你也许好奇我到底去没去，你说人家一小姑娘，我一大老爷们儿，人家跟了我这个客户半年多，怪不容易的，我再不去也有点太难为人了，几万元对咱也不是什么大事儿，就去呗！”

小蒙，这个例子你听到了什么？销售要先同流后交流，真正的销售是从交心开始，最后才能交易，这个过程可以用图1－2表示。

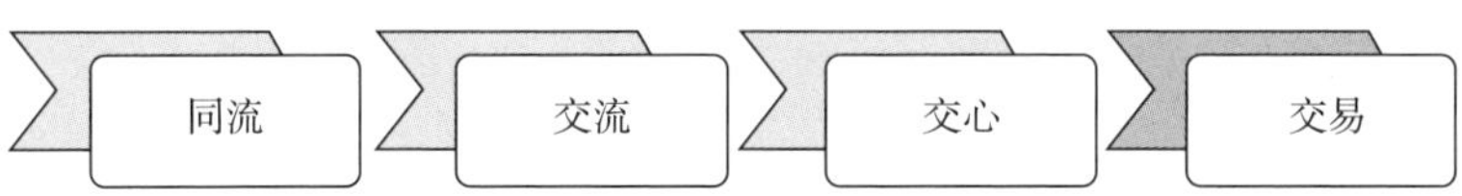

图1－2　销售过程图

毛小蒙：噢，看来我的路还很长啊！您讲的很多内容我都不懂，但谢谢熊老师的指导，我会努力的！相信随着我的成长，我会明白的。

本章总结

三把神沙是销售的三重境界，一把比一把高，后生小子能悟到一二已经可以纵横江湖，如练到第三重就可以开山立派了。让我们共同向着这个方向前进吧！

一头雾水出茅庐，两眼迷茫入店铺。

三把神沙解人意，信心满满闯江湖。

第二章

Chapter 2

九字真经打天下上篇：引、停、演

有了法宝不一定能够横行天下，还要有招数，有技巧，就像练武之人，只有力气是不行的，只有内功也不行，还要有招式。一个店铺的产品销售过程中，用什么样的方法和技巧才能完成销售，我们要怎么做才能够事半功倍？本章教你十三个字：**练成功夫才能打遍天下无敌手。**

一、引：客户进来不用愁

店铺的业绩取决于三个数据：第一是进店率，第二是成交率，第三是客单值。三个数据相乘，决定了一个店铺的业绩。三个数据中最关键的是进店率，进店的顾客中多少是店铺位置决定的，多少是店长和店员们运用各种方法来实现的？进入店铺的人越多，成交的基数就越大，业绩也就会高。

案例一：通过迎宾来吸引顾客

D&P富森店正在进行315促销活动，商场客流很大，店长张海英发现旁边的店铺很热闹，有店员在店外热情地迎客，而自家店却格外的冷清。

张海英认为情况不妙，就让店员毛小蒙在门口迎宾。毛小蒙感觉怪难为情，非常不愿意做，心想："迎宾能带动销售吗？老板真变态，就知道跟风！"毛小蒙不情愿地在门口站着，如果有客人进店她就礼让一下。

张海英发现客人越来越少了，看见毛小蒙木讷地站在门口，气不打一处来："怎么这么点小事你都做不好啊，你像个门神一样，面无表情，谁来啊？"

毛小蒙很委屈地想："我又不是'卖俏拉客'的舞女！"毛小蒙欲哭无泪，不知道如何是好。

旁白：毛小蒙这次又毛了手脚，销售是卖自己不假，但是怎么卖呢?，总不能真的去卖俏吧！况且也没有那姿色。为难之余她给熊老师发了一条微信，说明情况并提出问题。

毛小蒙：熊老师，我在迎宾的过程中，存在哪些问题？应该怎么做呢？

熊老师：小蒙你好！根据你的表现来看，你在迎宾工作中存在以下问题：

第一，没有理解迎宾的目的：迎宾不是形象工程，而是吸引顾客的重要手段，通过迎宾增加客流量，从而增加店铺的产品销售量。没有从内心认同迎宾这种方法，就难以把迎宾工作做好。

第二，没有从顾客角度考虑：如果从顾客角度考虑，那么要弄清楚站在什么位置，说什么话，做什么动作和表情，会让顾客开心，顾客感觉好了才会进入店铺选购产品。

第三，没有有效的方式：表情木讷，站位挡住门口，招呼也不热情，没有运用任何方法吸引顾客，甚至运用了错误的方法，所以客流量不增加反而减少。

要做到“四个注意”，你的迎宾工作才能做到位，才能为店铺引来更多的顾客。

第一，注意正确站位：你根据店铺的大小，选择站在店铺门外还是门里，但无论里外都要站在一侧的位置，不要挡住顾客进入店铺的通路。而且你还可以根据客流的走向进行站位，假如门前顾客是从右向左走的多，那么你应该站在店铺门外的左边，当顾客行进到你门前时遇到阻碍，他会下意识的慢下来或是转弯，就很容易进入店铺；如果你站在店铺的右边，顾客遇到你时，没有地方可去，只能绕过你，那么也就绕过了店铺的门。

第二，注意恰当的肢体语言：迎宾时要注意肢体语言，当顾客过来时，你要鞠躬 30 度表示欢迎，如果人太多可以鞠躬 15 度，进行简单交流，可以用手臂做一个方向的指引，手臂弯曲呈 120 度角，手心朝上，示意顾客进入店铺。

第三，注意语音语调：在欢迎时要说："欢迎光临×××专卖店"，声音要柔美，响亮，圆润才好，这样能更好地吸引顾客，并且时刻保持微笑。

第四，注意促销术语：用促销语言吸引人，迎宾的另一个作用是做宣传介绍。由于顾客经过店门口的时间很短，所以应当有简短而又吸引人的宣传语，如：店庆八折酬宾、新产品体验有礼等内容，更容易吸引顾客走进店铺。

毛小蒙：好的，感谢熊老师，我知道怎么做了，马上调整改变。

案例二：运用 POP 广告吸引顾客

D&P 富森店店长张海英业绩突出，深得老板的器重，但店铺的广告宣传活动始终没有让她参与。而这次老板破例把广告宣传工作也交给店长张海英，她可以根据自己的店铺情况，向商场争取广告位及店内 POP 宣传。张海英非常高兴，终于可以按照自己的想法做广告宣传工作了。

往年的情况是竞争对手拿到了商场重要的广告位。这次，张海英疏通各个环节的关系，花大价钱拿到了商场最大的广告位，放上了公司标准的 D&P 旗舰店的 LOGO 标识。张海英很得意：这下谁还能跟我争。

然而活动开始后，效果并没有想象得那么好，业绩与去年同期相比还有所下滑。张海英懵了：我拿到最好的广告位，为什么客流没有那么多呢？张海英百思不得其解，有些愧对老板的信任，但也找不出自己错在哪里。

旁白：我们都以为张海英是老江湖，但她没做过的事情有很多，经验缺乏导致陷入困局，看来她还是需要好好成长啊！专家团来了，张海英认为应该跟专家交流这事，也看看专家有多大的本领。于是张海英找到了熊老师。

张海英：熊老师，您能帮我分析一下吗？我在广告宣传的过程中存在哪些问题呢？

熊老师：根据案例的情况来看，你的问题在于：

第一，盲目投放：对于建材市场周围的广告宣传，我们可以有很多选择，要根据顾客的行进路线选择关键点，不是最大的广告牌就一定能吸引客流。

第二，内容无指引：广告宣传投放上面最好有店铺的位置说明，说明店铺在商场的哪里，便于顾客寻找。

第三，形式单一：广告画的内容要多样而丰富，有品牌广告，如：自己的 LOGO，形象代言人等；有产品广告，如：×××产品专为成功人士打造等。

张海英：那么，您能具体说说要怎样做才能有效地吸引客流吗？

熊老师：具体来讲，可以从以下几个方面入手：

第一，考虑顾客行进路线：弄清顾客从进入建材市场大门后是如何行进的，在行进的路线上都对顾客进行指引，所以，除商场外部大的广告牌外，还有建材市场固有的指示牌和吊牌，每个关键点都能进行必要的引导，增加进店率。

第二，商场内多点布控：首先，在商场的服务台排放折页，宣传品牌，便于消费者在咨询时取阅；其次，购买商场的排行榜，这个价钱很低，但是对客户来说却是很重要的；最后，商场内的吊旗包柱、电梯广告等威力也是相当大的，必须有所布控。

要有数字距离指引：店铺周围的吊旗要有数字指引性，如向前 50 米是×××瓷砖店等。

橱窗广告要打好：店铺的橱窗广告宣传是吸引顾客进店的最后关键一步，活动期间最好打产品宣传广告或促销广告，以吸引顾客进店。

第三，店门口 POP 要醒目：店门口 POP 广告最好用红色或是非常醒目的颜色，说明产品、活动以起到吸引顾客的目的。

张海英：好的，感谢熊老师，我不会犯这样的错误了，这次就算是交学费了，我会努力的。建材市场做广告宣传形式如图 2-1 所示。

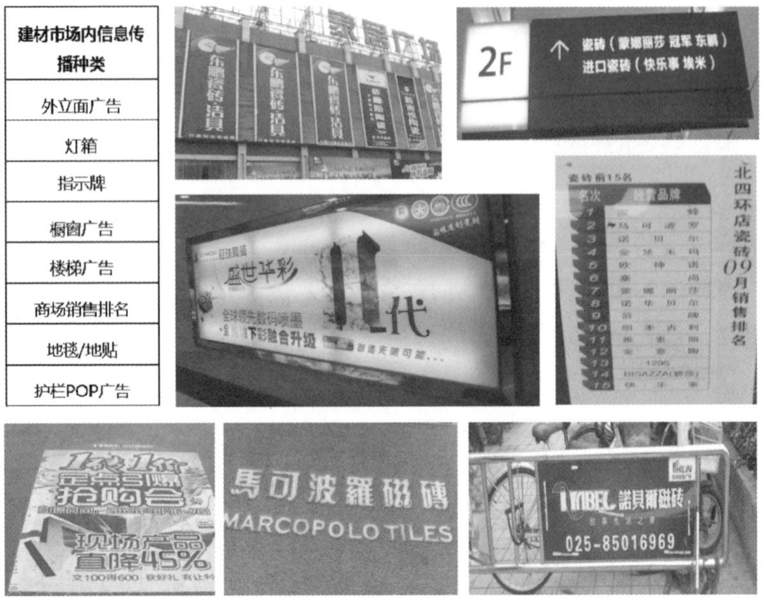

图 2-1　广告宣传图

案例三：通过陈列来吸引顾客

这一日中午时分，毛小蒙的朋友赵慧找她吃中午饭。赵慧刚刚应聘到附近商场的一家服装店，无缘无故地被店长训了一顿，于是她找毛小蒙诉苦。

原来，赵慧所在的服装店铺也在进行“十一大促销”，赵慧觉得促销后店铺的产品太乱了，自己是新人就要多多表现，因此没有等店长来，就开始整理货品。

她把同一颜色的衣服都放在一起，给模特身上套上淡蓝色的服饰，给人一种海滩风情的感觉，而且把收银台后面的衣服拿出来摆到门口。

店长回来，一进店铺就责问赵慧："谁让你把店铺弄成这个样子的，摆得跟自己家衣柜似的，一点都没有考虑顾客心理和销售行为，能卖出产品吗?"

赵慧对毛小蒙说："我们店长是不是故意给我穿小鞋啊?"

毛小蒙说："这个我也不太清楚，不过我最近有了一个智囊，遇到什么问题我就请教他。"于是毛小蒙给熊老师发了条微信，说明情况并咨询："您觉得我的朋友赵慧好心办坏事，具体问题出在哪里呢?她应该怎样做呢?"

熊老师：从你的叙述来看，赵慧在摆服装时，存在以下问题：

第一，没有陈列经验：服装店铺的陈列是按照整体色彩搭配及产品搭配原则进行的，不应该把同一色的都放在一起。

第二，没有考虑季节：十月份店铺都快进入冬季了，橱窗的产品是季节显示的标识，应该放一些暖色调的衣服，给顾客温暖的感觉，他们才会有进店的欲望，如果是冷色的衣服，跟季节不相称。

第三，没有考虑产品销售：陈列就是把每一款产品展示出来，展示每款产品不同的一面，特色的一面，同时要考虑销售，店铺销售是二八定律，好销的产品占店铺销售业绩的 80%，所以店铺在陈列时应该突出畅销款。

店铺货物的陈列是一门技术活，需要考虑的因素有很多，具体来说，需要注意以下几点：

第一，要注意划分区域：根据不同的区域陈列不同的产品，橱窗和门的两边都是主要的销售区域，应该陈列当季的款式、新款、畅销款，而后面收银台的位置是不好的位置，应该陈列老款而不是畅销款。

第二，产品颜色要分明：店铺一般分三种色系进行陈列，蓝色系、橙色系、黑白色系，不同的色系间有区域性原则，因为顾客是先看色系然后看款式选择产品的。

第三，要注意陈列的规律：服装陈列一般有渐变式陈列，就是从浅色向深色过渡的陈列，也可以由深入浅，同时注意上面的颜色浅下面的颜色深；还有琴键式陈列，就是像钢琴的键盘，深色和浅色两两交叉陈列；橱窗如果是两个模特，应该采取 X 式陈列，就是第一个模特的上衣与第二个模特的裤子是一个色系的，反过来第二个模特的上衣和第一个模特的裤子是一个色系的，这样两个模特形成交叉色彩，给人很好的视觉冲击。

第四，要考虑季节和天气：在不同的季节，人的需求不同，而不同的天气，人的体感不同，根据天气的变化选择合适的衣服放在橱窗或是店铺的显眼位置，能有效地吸引顾客进店。

毛小蒙：好的，我代朋友感谢熊老师的指导，有机会让她来我们店铺当面向您请教。

熊老师：请教不敢当，所谓教学相长，欢迎交流。

毛小蒙：您说的是我朋友店面的陈列方式，那么针对瓷砖店铺的形象维护，要做哪些呢？

熊老师：这个问题问得好，这样吧，我把我刚刚撰写的《瓷砖店铺标准陈列与形象维护》发到你邮箱，你好好学习一下。

毛小蒙：好的，谢谢熊老师！

附：《瓷砖店铺标准陈列与形象维护》

1. LED 展示

LED 展示是顾客进入展厅首先看到的形象广告，也是我们发布品牌、促销、迎宾等信息的平台。

门头 LED 播放内容：一是欢迎词和品牌广告语，二是促销活动宣传。如有领导或重要顾客来访，可更换为领导欢迎词。LED 屏幕全程滚动播放，字体要适中，不能全屏，一律采用宋体（刚柔，清晰），内容要简练，突出主题，字数不宜太多。

2. 吊旗

吊旗是指悬挂在室内展示企业文化、进行广告宣传的旗帜画面。吊旗多采用硬性材质，材料可采用200克以上的哑粉纸、铜版纸、KT板等。吊旗物料制作尺寸统一，大小一般为45cm×60cm（可视展厅高度适当调整）。吊旗内容以促销活动画面为准，统一主题、统一画面背景，尽可能挂在走廊、公共休闲区、样板间，悬挂的间距一般是3～10cm。

吊旗悬挂小窍门：可以让广告公司买粗边用挂钩先定好位置，然后再装上画面，这样摆放也整齐，成本低、容易更换且不损形象。这样装最大的好处就是一次定位，不会重复损坏装修。吊旗悬挂如图2-2所示。

吊旗要整齐划一　　吊旗要疏密有度

图2-2　吊旗悬挂图

3. 标签

产品形象标签是D&P产品特色及特性的具体展示，也是产品价值和档次的体现，对于顾客而言，产品的形象标签容易吸引顾客的目光，引发客户兴趣，而标准化、生动化、统一化的展示使得产品更具有静销力，从而带动销售。

◇ 产品形象标签规范展示

标签材质必须为高清橡胶硬纸，一般附在瓷砖的左上角常规价格标签下方或者右边；产品形象标签对应的瓷砖最多粘贴2个，其摆放位置必须统一，禁止随便粘贴；产品文字描述形象一般粘贴在瓷砖的右上方，方向从右至左，错位粘贴。如图2-3所示。

新品上市标贴

标签过于繁多

图 2-3　产品形象标签展示图

4. 展具

专卖店展具是提升店面形象、呈现企业文化、产品的有力工具，呈现的物品包括样板砖、产品选用手册、促销活动宣传海报、X 展架、条幅、单页、企业文化荣誉证书、产品证书等。

(1) 展具摆放

◇ 样板砖展架摆放在该样板砖同一品类的区域，放在该区域过道或走廊，促销产品展架摆放在进门比较显眼的地方（不要挡住过道）；

◇ 资料展架摆放主要在展厅客流量比较大的区域、洽谈区附近等；

◇ 宣传海报、X 展架主要摆放在进门口两侧、转角处；

◇ 企业文化荣誉证书、产品证书一般放在 D&P 企业文化墙或形象墙上，摆放整齐规范。

(2) 展具维护

◇ 在半米之内从各个角度，不能看到或摸到灰尘和污垢并且摆放整齐；

◇ 产品证书保证无破损、无划痕、无卷边；

◇ 宣传海报和 X 展架无灰尘、无手印、无卷边、无破损、无陈旧；

◇ 条幅悬挂要牢固、规正，无倾斜、无下垂现象；

◇ 资料摆放整齐、无倾斜、无卷边、无交叉、无混放、无陈旧。

展具摆放方法如图 2-4 所示。

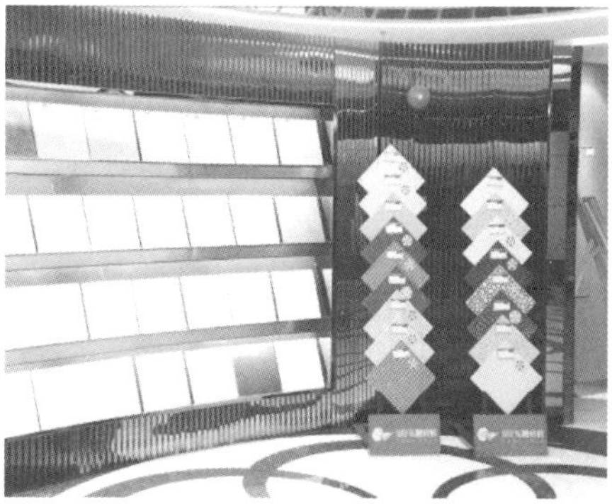

图 2－4　展具摆放图

5. 礼品

促销礼品可以以堆头的形式做一些展示形状，并在周边设置安全缓冲带维护好礼品。礼品的选购遵从实用、大气、精致三原则。礼品摆放如图 2－5 所示。

图 2－5　礼品摆放示例图

6. 饰品

样板间小饰品的搭配是为了更好促进销售，达到更直观的空间效果。小饰品包括灯饰、五金件、花瓶等，软装的搭配需要根据样板间的风格、色调达到整体协调的效果。

饰品搭配注意“三要”、“五不”。饰品搭配示例如图 2－6 所示。

“三要”：

◇ 要展示标识：有 VI 的饰品必须把 VI 呈现出来；

◇ 要风格统一：饰品的风格要与样板间的风格一致；

◇ 要动静协调：饰品的摆放要有艺术，不要平铺呆板。

左侧较呆板，经调整后右侧动静协调

图 2－6　饰品搭配示例图

“五不”：

◇ 不出现外品牌标识：出现其他品牌标识是对其他品牌的宣传，对自己品牌的损害；

◇ 不摆废旧饰品：样板间改造时，要根据空间标准布置该空间的软装，如果风格一致，经设计师或监理审核和验收后可以摆放；

◇ 不摆用过的日用品：已用过的日用品不可当作展厅饰品，如牙刷、水杯、毛巾等；

◇ 不要超过三种颜色：样板间的饰品色调要协调，与软装颜色，风格基调要统一，颜色不要超过三种；

◇ 不要过多或过少：样板间空间有限，过多饰品太多繁乱，太少又无效果，3~5个小饰品为宜。

7. 软装

样板间的软装搭配主要是灯具、水管、其他装饰物的维护和保养。如果出现灯光不亮、装饰物破损或缺失、壁纸损坏等情况时，包干区责任导购要第一时间通知公司售后服务部，责任人必须在接到通知起，第一时间进行维修和更换，最晚不超过24小时，特殊情况除外。软装出现需要维护和保养的示例如图2-7所示。

电灯损坏不亮　　龙头歪掉　　壁纸损坏

图2-7　软装出现需要维护和保养的示例图

本节总结

引进客户向来愁，迎宾陈列解心忧。

广告投放是王道，客源不断似自流。

二、停：客户停留机会有

店铺不仅仅是一个终端，一个入口，而是一张“网”，店员就是编织这张网的人。我们要在捕获客户前，就先把网织好，同时把撒网的人准备好。那么如何织好这张网，让进店的顾客无法逃脱，使自己成为一名“捕鱼”高手呢？所谓预则立，不预则废，我们要做好准备，让顾客留在我们店铺，这样我们才有机会完成销售。

案例一：通过店铺的软硬件留住顾客

十一大促销过后，各店铺销售进入清淡期，D&P 富森店铺也不例外，客流较少。

有一天，一位女士行色匆匆地走进了店铺，开门见山地问道：“你们这里的进口水龙头多少钱？”庞欢热情地招呼道：“今天是节后，没有优惠了，但可以给您打 9.5 折，总共是 1080 元。”顾客对这个价格表示满意，拿出信用卡刷卡付费，并一再叮嘱：“麻烦快点，我赶着去聚会！”

可是就在这个节骨眼上，庞欢拿着顾客的卡刷了两次，POS 机一点反应都没有，庞欢急忙检查了一番，发现网络不通。顾客看着手表，急得直跺脚道：“好了，好了，我不要了！”说完，夺过信用卡扭头就离开了店铺。庞欢很纳闷，也很沮丧：机器昨天还是好好的，怎么今天就出故障了？

旁白：庞欢把事情报告公司，让公司来处理后，看到熊老师在记录这件事，于是过来攀谈起来。

庞欢：熊老师，刷卡机在客户付款的关键时刻出问题，难道真是应了那句“倒霉时喝凉水都塞牙“的谚语吗？

熊老师：刷卡机在最关键的时刻出现问题，反映你们店铺平时没有做硬件检查的习惯。众所周知，店铺中 POS 机、LED、音箱、空调等设备，由于线路老化、进入异物或是操作不当等原因，都有可能出现故障，虽然你们不是专业的维修人员，但是可以在晨会或是夕会时进行检查或者调试，为排除故障或是维修设备留出足够的时间。

庞欢：那么，我们应该怎样做才能避免再次发生类似的情况呢？

熊老师：一名优秀的员工，对店铺的硬件设施准备应该有更深的认识。比如：

（1）会前打扫卫生：会前，安排店员打扫卫生。安排值日表，在夕会后或是晨会前，让店员轮流进行卫生清洁工作；店长可以亲自检查、监督每日的值日情况，做到卫生不留死角。

（2）提前全面调试设备：每日晨会前后，安排、督促店员对各种设备进行调试，防止设备在销售过程中出现故障。

（3）整理好货架，确保产品齐全，整齐卫生。另外，如当天有店家进货，尽量安排在当日歇业前或在晨会前入库、理货、上架，以免销售时手忙脚乱。

（4）添置一些水果甜点：有时顾客会带着小孩来店购物，但是小孩时常会影响到顾客购买的情绪，为此，店铺可以准备些水果甜点分散小孩的注意力，让顾客专心致志地挑选商品，如图 2－8 所示。

图 2－8　茶、水果、零食准备示例图

（5）提前做好商品的配置与陈列：合理的陈列和展示可以节约店铺的空间、美化环境、刺激顾客消费。做好商品陈列应注意安全卫生，易看，易取，新颖等几个方面的要求。

硬件设施是让顾客停留的先决条件，一个卫生良好，音乐悦耳，水果芳香的店铺谁不愿意多待一会啊！

庞欢：是啊，我应该把没有做到的地方赶快弥补，谢谢熊老师！

熊老师：我这里有一个《店面硬件设施管理办法操作说明》拷贝给你，你选取合适的部分参考应用。

庞欢：好的，谢谢熊老师的帮助！

附：《店面硬件设施管理办法操作说明》

1. 店面设备管理

（1）设备管理原则

店面的其他物品增加或减少时必须按照公司统一规定进行变动，否则须视物品类别经店长或更高级别主管同意才可执行；

店面物品只作为与工作相关用途使用，不可用于私人用途，更不可私自带出；

店面水电、消防用品等需定期全面检修，并注意各类用品的使用期限，及时更新。

（2）设备管理标准

设备管理标准如表2－1所示。

表2－1　设备管理标准表

项目	时间	操作
空调温度	夏季	最适宜的空调温度为24℃～27℃
	冬季	20℃～24℃算是最适宜温度
	春季、秋季	根据当地实际情况进行温度调节，以24℃左右为宜

续表

项目	时间	操作
音乐	9：00－11：00	激扬、清新
	11：00－14：00	欢快、动感
	14：00－17：00	优雅、舒心
	17：00－打烊	宁静、祥和
灯光	上午	顾客较少，只开照明灯（筒灯）；有顾客时再开启射灯（金卤灯、LED 等），以烘托店内氛围
	下午	开启照明灯及畅销和主推产品区射灯；客流量较多时，全部开启
	晚上	部分独立门店，如晚上营业，参考上午建议
香味	全年	部分门店如有异味时，可喷洒空气清新剂；如无异味，不建议使用
茶点	全年	可准备袋装饼干、糖果、时令水果、矿泉水、茶及咖啡等

2. 店面灯光使用规范

（1）店内灯光投射及应用说明

灯光很重要，良好的灯光可以产生很神奇的效果，灯光是产品展示的有效工具，对销售周转期的长短有重要的影响。灯光所产生的效果远远超出了光线本身，好的灯光效果可以营造出舒适的购物环境，将产品陈列以很具诱惑力的方式表现出来。

（2）照明方式分类

照明方式分类如表 2－2 所示。

表 2－2　照明方式分类表

照明方式分类	内容	备注
基础照明	基础照明被固定在相应的位置，无需对它们进行调整，唯一需要注意的是：确保所有灯具正常运作	灯具正常工作
重点照明	天花板上，作为重点照明的射灯需要有效地投射需要突出的产品。对于我们来说，每次调整墙面及店铺内的陈列方式后，都需要调整投射的角度。同时需要注意的是，每当顾客或者因为清洁移动店铺内的道具及商品后，必须将它们归位到灯光的照射位置	照射位置与角度

续表

照明方式分类	内容	备注
装饰照明	用来点缀和烘托气氛，营造一些情景氛围，在门店一般是一些小射灯	灯具正常工作
应急照明灯	每月需放电一次，维护其性能，确保需要时的使用	

(3) 使用注意事项

使用店面灯光的注意事项如表2-3所示。

表2-3 灯光的使用注意事项表

注意点	内容	备注
合理使用灯光	由于店面内部的灯非常多，所以合理开灯也是店面利润管理的一项重要工作： 1. 在店面装修时，必须确认每个灯具的电路在每个区域有独立开关，保证不需要使用的区域灯不必一直点亮而浪费电能 2. 单独区域的基础、重点、装饰三种照明设备也需要独立设置开关，这样可以按需求开灯，比如：在打扫卫生时只需要开照明灯 3. 店面人员要养成随手关灯的习惯，避免不必要的浪费 4. 当顾客进店后，必须打开基础、重点、装饰3种灯，这时不要因为省电而影响顾客感受，得不偿失 5. 员工之间应该养成团结互助的习惯，帮助带顾客的导购提前开灯，或提醒导购不要忘记关灯	灯具正常工作
灯具维护	灯具很容易吸附灰尘，所以需要定时清洁除尘： 1. 店面应该制定清洁计划安排导购清洁灯具 2. 清洁时必须关闭电源，用干布擦，避免触电 3. 负责区域的人员应及时将被顾客移位的灯具恢复原状，避免使用不当造成的损坏	清洁保养计划
灯具损坏与报备制度	1. 灯具损坏后要及时更换，避免影响顾客感受 2. 员工发现灯泡或灯具损坏后，必须第一时间报备前台，由前台记录并追踪处理情况 3. 店面的灯具和灯泡维修与更换必须由电工负责 4. 自报告时间起，3日内必须完成维修与更换	报备流程
配件准备	1. 统计店面的灯泡型号，每种类型至少储存使用量的5%，便于更换 2. 将灯泡定位储存，由专人负责管理，以便于及时备货	灯具正常工作

续表

注意点	内容	备注
存放与搬运的注意事项	1. 未拆封灯具存放必须按照包装箱的箭头，避免存放不当压坏 2. 灯具装拆必须将零部件数量进行核对，避免零件丢失 3. 若整个灯具存放，必须用软布将灯具包好，用一个周转纸箱存放，上面不能堆放重物	正确包装，避免受压

3. 店面影音使用规范

规范门店的影音使用，其实包含两层意思：一个是音乐的播放，一个是视频的放映。播放和放映可以通过电脑或者专门的播放设备，视频可以放映公司的企业文化宣传短片、风景片等。

门店播放的音乐一定要选择让人心情舒畅、愉悦欢快的音乐，如注重旋律、结合不同电子音乐元素的轻音乐和民族、古典、爵士之类的名曲。

节日（春节、圣诞节、国庆、五一等）促销活动的音乐要特别选择，一般选择比较欢快、流行的乐曲。

店面需进行音响播放的调音测试，在合适的音量调节处做标记。

另外，根据国际惯例，在经营场所通过专业技术设备播放的音乐必须要考虑到是否产生侵权，以免造成投诉，引起不必要的麻烦。影音使用的管理如表 2-4 所示。

表 2-4　影音使用管理表

管理分类	内容	备注
设备管理	包括：音响、话筒、电视机、U 盘、各种连接线等 1. 必须有登记，即固定资产编码 2. 必须有保养，定期 3. 必须有专人管 4. 有标准使用方法和定位 5. 建立维修和保养登记表，及时追踪	建立固定资产明细、定人管理
素材管理	包括：音乐光碟、培训光碟、电子文件（视频、歌曲收录等） 1. 有分类，有编码（统一放在 DVD 收纳盒中） 2. 有定位，有记录（建立目录） 3. 必须有人管，专人（检查与维护）	定位、定人

续表

管理分类	内容	备注
播放管理	不同的时间段播放不同类型的音乐，分时段更换： 1. 上午时段：可以放一些激扬、清新，让人心情舒畅的音乐 2. 中午时段：可放一些欢快、动感的音乐 3. 下午时段：可放中等速度的音乐，优雅、舒心的音乐 4. 结束时段：可放一些宁静、祥和的送客音乐	时段播放管理

案例二：调整好销售前的工作状态

这一日晨会上，店长张海英狠狠地批评了孙可毅："不要一声不吭地等着客户询问产品，要主动地向客户介绍产品！"孙可毅面红耳赤，嘴上不说，心里却嘀咕：说得好听，那些顾客脾气没有一个能摸得透，主动介绍他们反而会冷冰冰地对待你！每次介绍时，心里总是七上八下，忐忑不安！

会后，一位很有派头的老板进了店铺，张海英指派孙可毅向顾客介绍产品，孙可毅看着顾客身材高大，一脸严肃的样子，心里又开始打起了鼓。孙可毅硬着头皮，惴惴不安地问："您…您需要购买什么样的产品?"顾客板着面孔说："我先看看，有问题再问你！"孙可毅战战兢兢地继续说："我们…这里有……"还没等孙可毅开始说，顾客直接打断道："好了，还是先忙你的，我自己会看的！"孙可毅不知如何是好，只好跟在顾客后面转了一圈，顾客有点不耐烦，转身就离开了店铺。

旁白：孙可毅平时说话挺溜的，可是见到客户却很腼腆。唉，如何是好！愁坏了张海英店长

张海英：熊老师，孙可毅的状态存在什么问题?

熊老师：顾客的情绪是千变万化的，但是导购员不能因为顾客的情绪变化而影响自己的工作状态。

首先，孙可毅明显受到顾客不良情绪的影响，变得胆小慎微，战战兢兢，甚至到了连做产品介绍的勇气都没有的程度。

其次，孙可毅缺乏矫正、调节心态的能力，深深地陷入负面的情绪中不能自拔。

张海英：那么，孙可毅应该如何摆脱目前的工作状态呢？

熊老师：孙可毅应该构建起积极的心态。

首先，敢于面对顾客的拒绝，要明白“被顾客拒绝是不可避免的”，敢于正视现实，并进一步分析被顾客拒绝的原因。众所周知，销售本身就是从被拒绝开始的，所以我们应该有一个拥抱拒绝的心态。

其次，用自己的热情感染顾客，如果导购员能站在顾客的立场看问题，处处从顾客的需求、购买能力出发，那么，顾客一定会被店员的诚心、真心所打动。

最后，树立自信，自信是导购员成功销售的第一秘诀，因而，导购员无论是对公司、对产品还是对自己都需要具有绝对的信心，有了信心，导购员才能自信地向顾客介绍产品。

张海英：熊老师，这些或许他也都知道，但是就是做不到，你有什么办法吗？

熊老师：这个涉及专业的训练，不过第一步就是让他开口，你多给他一些机会进行训练吧！让他在战斗中学习战斗，在销售中学习销售，后面，我会教你如何系统地训练员工。

张海英：谢谢熊老师，我试试看！

案例三：迎客称呼好留人

张海英听了熊老师的分析，让孙可毅站在门口迎客，以锻炼他开口，孙可毅没办法，只好硬着头皮上。

一天，来了一位中年女士，很焦急的样子，孙可毅简单地示意了一下说："欢迎光临 D&P 专卖店，请随便……"顾客打断他说："麻烦问一下，卫生间怎么走?"孙可毅觉得不是来买东西的，不耐烦地指了一下，说："左边向前。"

又有客人朝店里走来，孙可毅继续说着："欢迎光临，全场大促销，最低五折起，欢迎选购……"一位女士吃力地拎着很多包进店来。孙可毅依旧笑容满面地对女士说："欢迎光临，请随便挑选。"女士很不友好地说："我会好好挑，不会随便的!"

孙可毅心想：这人怎么这么冲? 我又没有说什么，今天怎么总会遇到这些怪顾客，不是问路就是找茬的，别人迎宾怎么没有遇到这种情况，唉，真倒霉!

旁白：孙可毅被逼得进退两难，做又做不好，不做又不行，熊老师看到这种情况，主动过来帮助他调整状态。

熊老师：可毅啊，是不是觉得挺别扭的!

孙可毅：是啊! 熊老师，您帮我分析分析，这是什么原因?

熊老师：我正想跟你说，你在工作中存在以下三个问题：

一是对路过的顾客态度冷淡；

二是招呼顾客的时候，舍近求远；

三是迎客时只是简单的语言表述，不是个性化的迎客，没有服务意识。

面对每一位顾客，应以灿烂的微笑和欢快的语言使顾客在心理上放松，接受你的服务，并乐于在购物过程中接受你的指引，你应该注意以下几点：

端正服务态度：只要是来商场的人员都是顾客，不能因为他不购买我们的产品就对他冷漠，这是服务态度不端正的表现，也是损害品牌门店形象的表现。

注意声音声调：在与顾客对话时，应时刻面带微笑，声音保持中音、柔和、亲切、诚恳，对客户要做到来有迎声、去有送语。并且热情友好、声音洪亮、精神饱满；迎宾的动作举止要与称呼语言相匹配，配以相应的动作才能让人容易接受，感到亲切，这样，你说的很多话顾客就不会产生歧义了。影响人的语言 75% 以上是肢体语言、动作姿态和语音语调等，而只有 7% 是语言内容，所以形式要大于内容，表现你的真诚之举。

适度运用迎宾用语：迎宾人员不是语言复读机，简单重复“欢迎光临”之类的迎宾用语并不利于在顾客心中建立良好的第一印象。迎宾人员应该将生硬的宣传内容用生活化的语言来表述，拉近顾客与店家的距离，建立良好的第一印象。

熟练掌握称呼：一般情况下，我们对顾客的称呼有这么几种：“先生”、“小姐”、“夫人”、“同志”等。对顾客的称呼中，最合适的是“先生”、“小姐”，一般人都会接受，但仅仅做到这些是不够的，专业的导购员在顾客称呼上还要下些功夫。对于年纪大一些的中老年人，称呼他们“同志”，他们会感觉很自然。对于年轻的小女孩可以称呼“小妹妹”，对于年轻的小男孩，可以称呼“老弟”。其他行业还有一些个性化的称呼，你也可以多了解。比如：一些游戏爱好者来店里购买适合打网络游戏的电脑产品，此时，称呼他们“玩家”或者“超级大玩家”，他们会感觉很爽。公司的网管来采购网络产品或者 PC，我们就大大方方称呼他们为“张工”、“李工”等，让他们感觉非常受尊敬。

言辞、举止拉近距离：当顾客登门的时候，可以根据顾客的情况，利用简单的寒暄和举动拉近与顾客之间的距离。如雨雪天气，顾客进门的时候，带有慰问性的欢迎语就会比简单的“欢迎光临”让人感觉贴心。女顾客拎着很多包，迎宾员可以慰问“您的收获可真不小，在我们这休息一下吧，我帮您看着”，同时，可以帮助顾客将重包放置在可以照顾到的角落处。

孙可毅：好的，感谢熊老师，我调整状态试试看。

本节总结

硬件齐备客不丢，调整状态去烦愁。

迎宾称呼要亲切，客到门前自然留。

三、演：产品演示动人心

终端销售过程中，导购员要想顺利地提升顾客的成交率，最核心的环节是导购员在互动中让顾客亲身体会和感受产品给他带来的好处与利益，只有让顾客身临其境地体验到购买产品后的便利与快乐，顾客成交才会水到渠成。

案例一：有效引导顾客的感官体验

一位白领丽人在D&P富森店内来回转了几圈，终于在一款沙发前驻足，顾客边用手来回抚摸着沙发面料，边问道："你们这款沙发多少钱？"导购员李燕见顾客对产品产生了兴趣，于是邀请顾客坐下来休息，并热情地递上一杯茶水，不紧不慢地介绍道："您看的这款沙发，材料上乘，做工精细，而价格却比较实惠，只要4000元！"顾客惊讶地质疑道："你们的沙发好贵啊！我们同事买的沙发只要2000元！"

李燕毫不客气地回敬道："我们的产品可是意大利设计师设计的高档品牌，而且内胆全是纯鸭绒，工艺和品质一流！那么便宜的价格，您觉得正常吗？"顾客反驳道："怎么可能呢，我又看不见里面放了哪些材料！"听她这么说，李燕急了，立即拿起一个抱枕，只听见一声清脆的声响，小抱枕被撕开一个口子，李燕从里面取出一撮鸭绒，递到顾客面前。顾客躲闪不及，连连打了好几个喷嚏，眼泪直流，狼狈不堪。原来这位顾客对羽绒过敏，最后顾客以身体不适为由，离开了店铺。

旁白：不知道李燕今天怎么这么做事情？唉，真是让店长张海英操心啊！

张海英：熊老师，您觉得李燕用这种方式让顾客体验产品有哪些不当的地方？

熊老师：首先，李燕展示产品的方法过于简单，过于粗暴，直接撕开抱枕向顾客展示，虽然比较简单、直接，但是对产品会造成破坏，更会让顾客觉得产品没有价值。

其次，没有充分地尊重顾客的感受，不同的顾客有不同的特质，有的顾客可能比较含蓄内敛，导购员如以太过夸张的方式引导，反而会惊吓到顾客，虽然导购员是真心实意地展示，但往往会事与愿违。

最后，没有充分地利用销售道具吸引顾客体验产品。销售道具不止产品本身，同时可以结合产品本身的特性，通过一些媒介进行渲染，有效引导顾客体验产品，塑造产品的价值。

张海英：熊老师，那您觉得应该怎样引导顾客才对呢？

熊老师：第一，引导顾客感受产品。对于沙发产品，可以让顾客坐下来感受产品的舒适度，并让其在沙发上颠两下，体验沙发的软硬度，找到顾客需求与产品的匹配情况。

第二，顾客坐下来后，试着让顾客放松，可以说："您可以向后靠一下，看着天花板，这样您就能充分地感受我们沙发的舒适度，同时可以发现沙发凹陷曲线非常符合人体工学原理，它随着人体脊柱弯曲程度而变化。"

第三，让顾客展开联想，借用一些巧妙的话术进行引导，可以说："您想想看，工作累了一天，回到家里，舒舒服服地躺在沙发上，听着高雅的钢琴曲，一天的疲惫都会一扫而空！"通过这样的方式引导顾客体验产品的优势，会让顾客觉察到购买产品后的利益与好处。

第四，利用各种资源、道具进行营销。在销售现场，导购员要充分地利用店铺内的灯光、色调、声音、产品手册和相关资质证明，为顾客答疑解惑，比如案例中，导购员面对顾客质疑时，可以拿出国家权威证明给顾客看，或是与其他品牌进行对比，展示产品的优越性，而不能像李燕一样，采取过激的方式展示产品。

张海英： 熊老师，您说得非常好，非常感谢！但您帮忙帮到底吧，李燕是我们店铺的老大难，由于资格老又有背景关系（悄悄说），我说什么她都不听，也不服从我。能不能麻烦您帮我跟她沟通她的问题，以后我再向您请教如何提高我的管理水平。

熊老师： 好吧！我就替你办这事，有时间我和你聊聊如何提高你的管理能力问题。

张海英： 再次谢谢熊老师！

案例二：有效引导顾客的行动体验

一天，一位中年妇女走进D&P富森店面，看了几款产品后，向身边的毛小蒙问道："你们产品的优势在哪？"毛小蒙兴奋地答道："我们的产品耐磨、防滑、抗冲击力强！"然后迫不及待地向顾客演示产品的性能：将一块瓷砖直立在地上，然后用力向下推倒。"砰"的一声，瓷砖重重地砸在地面上，瓷砖棱角的碎片飞溅，回声在店里传荡，顾客被惊得连忙后退。毛小蒙非常尴尬与疑惑：培训示范时很成功，为什么偏偏这时出问题。毛小蒙看着破损处灵机一动说："不好意思，可能是我用力过猛了，不过您从破损面可以发现这款瓷砖的质地还是非常细腻的，质量上乘。"

正当毛小蒙为自己的机敏暗自得意时，顾客不以为然地回道："我看这款产品并没有你们所宣传的那么好，我还是去别处转转吧！"说完，转身就离开了店铺。

旁白：毛小蒙经过熊老师的指导进步神速，但是销售可不是一朝一夕就能做好的，这下她又遇到难题了，于是她给熊老师发了一封邮件说明情况。

毛小蒙：熊老师，您觉得我的问题出在哪里呢？该如何演示才完美呢？

熊老师：首先，没有正确地引导顾客，在刚接近顾客时，不应该迫不及待地向顾客展示产品，而应该慢慢地引导顾客进入互动角色，以免让顾客产生抵触情绪。

其次，你演示失败的原因是展示方法不够娴熟，如果演示方法不得要领或比较笨拙，可能会适得其反；

最后，展示方法比较单一，瓷砖不只是具有抗压性，还有耐磨、防滑等特点，所以应该从多个角度与顾客展开互动，让顾客体验到产品的多重价值。

瓷砖类装饰材料的演示，导购员要邀请顾客参与其中，让顾客以自己的行动来体验产品的价值。具体方法有：

（1）引导顾客观察产品，推动顾客进入体验角色。比如，引导顾客观察瓷砖表面的颜色是否透亮，有没有瑕疵，花纹点是否自然，同类瓷砖的色差状况，好的瓷砖纹理自然清晰，不好的瓷砖图案模糊不平；也可以让他（她）看看瓷砖背后是否印有 LOGO，一般来说，知名品牌才有 LOGO，小品牌很少有 LOGO；当然还可以让他看侧面的胚体是否细腻，有无气泡孔，细腻的、没有气泡的是好的瓷砖。

（2）引导顾客触摸产品，让顾客体验瓷砖表面的润泽程度。比如，可以对顾客说："您可以用手触摸瓷砖的表面，手感会非常好，像玉一样润泽，像皮肤一样光滑！"只要顾客接触了，他就会有感觉。通过触摸又增加了一层记忆，让他对你的产品印象深刻，即使再摸其他品牌产品，他会不由自主地以我们品牌的产品做标准进行比较，我们就会永远处于有利的销售地位。

（3）引导顾客倾听。通过瓷砖发出的声音判断产品质量的优劣，如果顾客敲击瓷砖，声音很清脆，说明瓷砖质量好，声音浑浊说明瓷砖质量差。

(4) **用道具引导顾客体验产品**。比如，如果是玻化瓷砖，导购员可以让顾客用钥匙等硬物在瓷砖表面划动，然后让其观察瓷砖表面是否有损伤；如果是水晶瓷，让顾客用油性笔或是水性笔做防污损实验，了解这款瓷砖是否容易清洗；如果顾客比较关注瓷砖的防滑性，导购员可以将水倒在瓷砖表面，让顾客在上面来回走动进行体验。

(5) **多种方法组合引导**。对于产品的特性与价值，可以采取多种方法进行展示。比如，案例中你做抗冲击演示时，可以邀请顾客一起将瓷砖抬起，让瓷砖与地面保持30度左右倾斜角，然后同时松开双手，让瓷砖平稳地砸在地面上，并让顾客观察瓷砖是否能经受该冲击；随后，再让顾客拿起瓷砖，如果比较费力，说明瓷砖很重，且比较平整，顾客当然喜欢同样体积重量大而又平整的瓷砖。

为了让你更清楚，演示瓷砖的方法我总结了十个字，供你根据不同的情况选择使用或组合使用，如表2－5所示。

表2－5　瓷砖演示方法表

方法	说明
看	颜色比较透亮，没有瑕疵斑点，花纹比较自然，不刺眼 背面有没有LOGO，大品牌才有LOGO
摸	手感很好，像玉一样润泽，像皮肤一样光滑
敲	敲击商品听声音进行产品优劣辨别
划	用钥匙等硬物划玻化砖
笔	用油性笔或是水性笔进行抗污实验
比	感觉对比：拿一块杂牌的砖和我们自己的砖放在地上，让顾客在上面走，让顾客自己感知 重量对比：把我们的砖和其他品牌比，我们的要比他们的重两斤
站	把砖斜放，让人站上面，如果不会有问题，说明抗压能力好
倒	平整度好的砖可以立起来。砖倒下后，观察下面的砖的表面有没有裂纹，有没有破损，以此检测砖的清脆程度、抗击能力
抠	瓷砖倒在地上后，让顾客用手抠，抠不起来代表平整度比较好
水	水倒在砖正面让顾客用脚蹭，测试防滑性能，水倒在砖背面根据吸收速度可以测试吸水率，吸收越快越好

示例图，如图2－9所示。

第一步：借
向顾客询求随身携带的尖锐物品（最好是钥匙）

第二步：刮
要求顾客在砖面上用力划动。

第三步：看
让顾客检视砖面（无任何划伤痕迹）

第一步：备
准备好黑色中性笔或是白板笔（避免记号笔），和湿抹布，并将笔递给顾客

第二步：画
让顾客用黑笔在砖面上随意涂画

第三步：擦
几分钟后（或顾客觉得可擦时），递给顾客湿毛巾轻轻擦拭掉黑笔涂画的痕迹

第一步：放
将瓷砖斜放15度以上

第二步：站
导购员自己站上去给客户信心

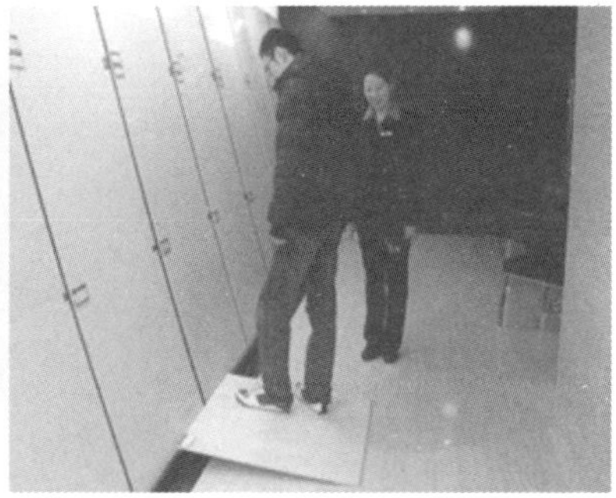

第三步：邀
邀请顾客上砖体验

第四步：证
引导顾客充分体验产品

第一步：抬
将瓷砖置于地面，并双手抬起瓷砖的一边，使得瓷砖与地面呈约30° 角

第二步：放
放开双手，让瓷砖平稳地砸在地面（1. 放手前要有提醒，注意不要惊吓顾客 2. 注意不要砸到双脚）

第三步：观
邀请顾客观察瓷砖，完好无损证明抗议冲击性能好。

图 2－9　演示方法示例图

毛小蒙： 谢谢熊老师，您的产品演示方法真系统，相信我一定会让顾客心动又行动的！

熊老师： 产品演示是产品介绍的主要环节，在产品的说明方面我们经常用的还有 FABE 法，这个我也顺便和你讲讲，对你会有帮助的。

附：关于 FABE 介绍法的讲解

1. FABE 法解析

FABE 方法是“顾问式销售”、“专家销售”常用的一种销售方法。

F—特征，A—由这一特征所产生的优点，B—由这一优点能带给顾客的利益，E—证据（技术报告、顾客来信、报刊文章、照片、示范等）。

针对产品的每一个卖点我们都要进行 FABE 分析，在推销产品时就不再是简单地罗列产品的功能。FABE 解析如图 2－10 所示。

F：Features特征	A：Advantage优点	B：Benefit利益	E：Evidence证据
指产品的事实、数据、信息。如：介绍聚晶微粉的特点："这是一款独创性的半透明瓷砖"。主要突出产品本身的"特点"。	指产品或服务所具备的优点或卖点。如说梦幻微粉的优点："装饰效果十分独特，防污性能更佳。D&P微粉比竞争对手粉料要细，致密度更好"。	顾客如果使用它，会有什么好处，利益是针对特定顾客的。如：产品看起来美观大方，很上档次，在这样瓷砖装饰的房间居住会非常温馨和舒适。	证据能坚定顾客的购买决心，起到"临门一脚"的作用，证据一定要展示、说出来。如"你们小区B座的法院的王科长家铺的就是这砖"。这就是证据。

图 2－10　FABE 解析图

2. 哪个卖点是最重要的？

我们不能理解成哪个卖点是最重要的，而应理解成哪个卖点对顾客是最重要的。同一款产品，面对不同的顾客，我们应该使用不同的卖点说服他。

从购买瓷砖的顾客来看，设计师希望买到一些特别的、怪异的、能表现自己设计理念的瓷砖；工薪家庭喜欢物美价廉的瓷砖；而有的富豪则要买最好的。性价比高，对工薪家庭来说是利益，对有的富豪来说则是对他的"不尊重"。同样，一些销量很好的瓷砖，对于一般顾客来说是利益，"很多人都买它，没错。"但对设计师来说，就是一款平庸的产品，因为太多人用过了。

（1）优点和利益的区别？

优点只有转化为利益才有说服力。请看以下这段对话：

导购 A："先生，我们的砖是用 8600 吨压机压制而成的。"

顾客："哦，那我再看看"。

导购 B："先生，我们的砖是用 8600 吨压机压制而成的。用 20 年都不会划花。”

顾客：“哦？用20年都不会划花？多少钱一块？”

8600吨压机压制是“优点”，但对于顾客来说，经久耐用是最大的“利益”，不清楚地说出“利益”，顾客是没有感觉的，你的讲解说明是没有价值的。

(2) 什么才是证据？

现在的顾客对导购员说的话将信将疑，要排除异议、建立信任，证据是无声的“语言”。销售证据一般包括：

行业或相关部门的信息发布：公布的排名表、新闻报道等；

销售记录：店里的顾客档案、提货单等；

顾客证明：顾客出具的证明文件，如感谢信，回函；

真实案例：应用案例，如瓷砖的应用工程；

辉煌业绩：销售额、各种荣誉证书等。

销售员经常会说“你们小区B座的法院的王科长家铺的就是这砖”类似的话，就是用真实案例力证我们的产品好，如图2－11所示。

美国总统奥巴马的住宅　　纽约帝国大厦　　NBA球星姚明的姚餐厅

图2－11　见证举例图

3. FABE **应用**

我们清楚了FABE的含义，如何使用FABE方法来介绍产品呢？如表2－6所示。

表 2－6　FABE 介绍产品方法示例表

举例	FABE 演绎
D&P 品牌金河石	F 特征：这是第一款采用多管布料技术的玻化砖 A 优点：技术领先，仿石材效果逼真 B 利益：使用此款产品装修，走在潮流的前端，装饰效果既细腻自然又大气辉煌 E 证据：你们小区 B 座的刘老板家铺的就是这砖
D&P 品牌福临娜	F 特征：最新极度石材仿真技术 A 优点：每款产品对应一款名贵石材 B 利益：装饰效果胜过大理石，价格却不到大理石的四分之一 E 证据：市里某某五星级酒店用的就是这个系列的砖

每个品牌的产品都很多，大家可以仿照这样的演示逻辑进行总结提炼，最终形成自己特有的 FABE 产品介绍方法。

4. FABE 活用

关于 FABE，忌生搬硬套、依葫芦画瓢，而要因时制宜，活学活用。FABE 反过来，EBAF 说亦可，示例如表 2－7 所示。

表 2－7　EBAF 示例表

EBAF 法	角色	对话
E 证据	导购	最近这款“金碧辉煌”瓷砖十分畅销
B 利益	顾客	为什么？它好在哪里？
	导购	使用这款产品装修，效果非常大气，显档次，而且十分容易打理
A 优势	顾客	其他瓷砖不都一样的吗？
	导购	这款特别像石材，并且防污性能更佳
F 特征	顾客	有什么独特的？
	导购	这是一款独创性的“极度石材仿真”瓷砖，采用了纳米防污技术，目前只有 D&P 品牌才有

导购员应该认识到，掌握介绍产品的 FABE 方法，是成为“砖家”的关键一步。

毛小蒙：噢，这个更好了，演示加上超强的词语解说，我会无往而不利的。

第三章

Chapter 3

九字真经打天下中篇：巧、运、时

一、巧：巧解异议把钱收

在终端销售中，由于顾客的购买心理比较复杂，往往会产生各种异议，这对导购人员而言犹如“绊脚石”。其实不然，正因为有了顾客的异议，也就有了与顾客成交的机会，如果能正确地加以处理，打消顾客的疑虑，将会达成最终的销售。

案例一：处理顾客对产品的异议

一位中年女士到D&P富森瓷砖店选购产品，看中了一款刚上市的新品，于是好奇地问身边的导购李燕：“我听说过很多瓷砖品牌，他们的产品不仅实用，而且美观，不知道你们的产品怎么样?”

李燕自信地答道：“我们是老品牌，质量上乘，不信的话，您可以上网查询一下百度满意度排名!”

顾客以略带质疑的口吻指着眼前的新款产品继续说道：“你看每一件瓷砖的花形款式都不一样，单看一件还可以，但是整体铺贴起来效果肯定不佳!”

李燕猜想顾客对于瓷砖花色款式不甚了解，于是信口迎合道：“每片瓷砖的花形都不能太整齐，我们品牌要的就是凌乱的自然美，让家里有回归自然的感觉。”

顾客听完，一言不发，迟迟没有做出购买决定。于是李燕接着询问顾客还有什么意见，顾客略微沉思了一会后，搪塞道：“好吧，我回去上网查查，再考虑考虑!”说完，转身就离开了店铺。顾客离开后，李燕顿时醒悟过来：店铺里面明明挂着“百度满意度搜索排名前三甲”的横幅，还查什么查?

旁白：李燕是个老员工，销售能力挺强的，但是学习、应变能力差。通过上次熊老师的开导好了很多，这次她主动打电话咨询熊老师，是大有进步了！

李燕：熊老师，我为什么没能成功地消除顾客的异议，使本来有意向的顾客白白流失呢？

熊老师：主要有三个方面的原因：

第一，你对产品的回答似是而非，过于随意，没有正确清楚地解答顾客对于瓷砖款式的疑惑，造成顾客对产品缺乏信任感。

第二，随意曲解顾客的审美判断，认为凌乱的花纹是自然美，这是对顾客喜好趋向的妄加判断。

第三，没有结合产品介绍化解顾客的异议，达到增强顾客对产品信心的目的。

李燕：那么，我应该如何成功地消除顾客对产品的异议呢？

熊老师：要想成功地消除顾客的异议，需要掌握一定的技巧。

首先，对于产品异议，要采取正面的回答方式，不要绕开产品谈品牌，即使品牌历史悠久，也不能保证没有次品。所以回答顾客异议时，第一条原则是以产品本身的属性为核心，不要过度地迂回与延展，否则就不能直接让顾客感受到产品的好处。

其次，重在实效，选用身边的鲜活实例证明产品的质量，给顾客一种真实、直接的印象。比如，你可以向顾客描述一段往事："我们店铺的产品质量您放心，有一次，一位工人站在梯子上施工，不慎将手里的榔头从高处坠落了下来，正好砸在瓷砖上，那位工人以为瓷砖肯定严重受损，可出乎他的意料，瓷砖安然无恙，毫发无伤！"然后接着道出真相，比如可以说："其实，我们瓷砖的质量标准高于国家标准，比同行瓷砖烧制时间都要长，具有明显的优势，您可以看一下这份检验报告！"

此外，顾客对产品的异议，有时是由于他们思维局限所导致的，这就需要帮助顾客突破原有的思维模式，让他们的认识回归到正确的道路上

来。比如，顾客对单件瓷砖花色效果与整体铺贴效果存在质疑，可以说："与您想的恰恰相反，其实，瓷砖设计的时候就是按照整体铺贴效果设计的，而且所有的瓷砖整体铺贴效果比单件展示要好看得多，不信，您可以看一下我们的样本图纸以及实际顾客使用效果照片！"回应顾客时，需要坚定语气，直击重点，切忌顾左右而言他，语气毫无力度。要让顾客觉得你就是行家，不容置疑。

最后，消除顾客的异议不能离开正确合理的产品介绍方式，我推荐使用"三步法"处理模式来实现：

第一步，先肯定后引导，消除顾客的对立情绪，让顾客坚定对产品的信心，比如可以说："您的担心是正常的，不过我们的产品不会有这样的问题。"

第二步，通过产品演示，让顾客对产品有直观的体验，加深顾客对产品的印象。

第三步，出示证据，即通过国家权威机构认证的证书、实景图片、公司取得的荣誉等材料消除顾客的担忧，增强顾客的信心。

李燕：谢谢熊老师的提点，下次我会注意的！

案例二：处理顾客对价格的异议

在D&P富森瓷砖店，庞欢接待了一对年轻的夫妇。妻子在店内转了一圈后，看中了一款精品系列的水晶瓷，丈夫询问价格，得知800元一件后，惊讶地说道："根据我家的房型图面积来算，总价要8万元，这也太贵了吧！"

庞欢顺势试探顾客多少钱可以考虑，没想到顾客却说越低越好。庞欢见顾客有不达目的不罢休的势头，为难道："您想想看，最近物价涨得这么厉害，生产成本也在节节攀升，我们这么高的价格也在情理之中啊！"顾客不为所动，执意要最低优惠价格。

无奈，庞欢只好坦言自己没有提供优惠折扣的权限，建议他购买其他款式的瓷砖。而顾客却执意要这款产品，庞欢为了不丢掉这笔订单，提议道："公司内部员工及亲属可以享受9.5折优惠，要不您就做我表弟吧，怎么样?"顾客很生气，觉得受到了羞辱，于是拉着妻子愤愤地离开了店铺。

旁白：庞欢是个优秀的销售员，不知道这次怎么败在"临门一脚上"了！她不知道为什么，就来咨询熊老师。

庞欢：熊老师，我的操作存在什么问题吗?

熊老师：显然，你没能成功地说服客户，主要是缺少正确的方法，具体表现在四个方面：

第一，连番地拒绝让顾客心理受挫。价格在销售过程中最为敏感，当顾客提出异议时，首要是缓和双方的气氛，以免产生对抗的情绪，而你仅仅站在自己的立场向对方施压，让顾客知难而退，这样肯定谈不拢。

第二，抛开产品的价值谈价格。顾客购买产品的动机在于商品所能带来的利益与好处，并将这种利益与将要付出的价格做对比，实惠与否全在价值与价格的比较上。但是你没有强调产品的价值，过多地在价格上纠缠，没能让顾客感受到物有所值。

第三，没有给顾客提供除价格之外的优惠条件。当你与顾客在价格上相持不下的时候，不会利用其他有效的条件或资源辅助销售，弥补顾客的不足感。

第四，处理价格异议前，没有排除其他形式的异议。一般情况，应该先向顾客确定："对于这款产品，除了价格，你还有其他异议吗?"如果顾客说"没有"，就可以将精力集中在价格异议上，以免给顾客留有讨价还价的余地。

庞欢：那么，应该如何处理顾客对价格的异议呢?

熊老师：处理顾客的价格异议，具体方法有：

首先，暂避价格争议。如果商品已经是最低价格，没有降价的可能，若是一味地拒绝，势必会打消顾客的购买欲望，这时，可以通过其他的途径弥补顾客的不足感。案例中，当顾客刚提出价格异议时，你可以说："先生，您好！我看您是真心要买，我呢，也真心想做成这笔生意，但是价格没有办法让步了，不过我们可以送给您一个精美的实用礼品，您看怎么样?"当你说完这些话后，应立即取出礼物，不要等顾客应允了才取出，如果顾客接受了，说明此单可以成交了。

其次，学会分解产品的价格。价格分解的目的是将分解后的价格与顾客日常的消费相比较，突出产品经济实惠，从心理上减轻顾客的购买压力。比如，顾客对 8 万元的瓷砖产生怀疑，可以将瓷砖的使用寿命定位为 20 年，每年也就 4000 元，然后换算到每一天，每天只 10 元左右，向顾客表明这只是日常消费的水平，以此说明产品很划算。

再次，导购塑造好产品的价值。顾客的异议无论出于什么原因与动机，很大程度上是由于导购没有塑造好产品的价值造成的，顾客担心买得不值，怕吃亏，此时就需要导购塑造好产品的价值。比如，可以告诉顾客：我们的品牌是一级品牌，比较适合您的品位与档次，而且售后服务也比较到位，完全可以解决您的后顾之忧，保证为您做到省时、省力、省心！或者说：也许我们价格高了点，但是我可以保证，我们的产品质量在所有同类产品中是数一数二的，因为我们产品采用了某些先进的工艺等。通过对自己品牌、产品以及服务的讲解，让顾客知道这个价格合情合理。

另外，循序渐进地诱导顾客。有时，为了补偿顾客，增强顾客的购买欲望，可以给顾客施加一些"小恩小惠"，但是不要一次性给足顾客，而是一点点地给，让顾客觉得每多得到一点"好处"，都要付出很大的努力，让顾客觉得购买此产品会物超所值。

最后，请领导帮助。如果导购有打折优惠的权限 ，但是为了在顾客前营造出产品最低价格的假象，避免顾客的纠缠，可以请有权限的领导给予折扣，暗示顾客已经是底价，无讨价还价的余地。如果没有权限打折，只有领导有这个权限，需要慎重使用这个方法，因为多次申请反而会招致领导反感，认为你没有办事能力。

庞欢：熊老师讲得真好，我又学到不少招数，我一定把这“临门一脚”练好！

二、运：多人接待如运球

终端迎客时，往往会遇到一些棘手的问题。诸如在同一时间内多名顾客接连进入店面，导购员分身乏术；顾客携带小孩，让导购员无法专注讲解、介绍；夫妻顾客对同一产品各执己见，陷入争执中，导购员不知如何化解等。那么，导购员应该如何去解决这些难题，提升店铺的销售业绩呢？

案例一：接待好有专业人士陪同的顾客

D&P 富森瓷砖店推出优惠促销活动，导购员李燕想借此提升自己的业绩，于是立即给一位准客户林女士打电话，邀请对方在优惠活动期间前来购置曾看中的产品，顾客也欣然同意。

李燕认为拿下此单已胜券在握，便喜上眉梢。然而出乎李燕意料的是，林女士还带来了一位客人。这位客人看了看李女士挑选的花色瓷砖组合，当即否决道：“这种搭配组合放在您的家里一定不好看，太素雅，缺乏艺术感！”李燕闻言，心里顿时凉了半截，急忙反驳道：“这种产品组合已经给您看过两次了，关键是自己喜欢，别人说的也不一定专业！”这位客人轻蔑地笑道：“我做设计师这么久了，还没有见过这样搭配的，不过，您最好再考虑一下！”

听到这，李燕哑然。顾客沉默了一会，说道："其他的式样我也不太喜欢，我还是去别家看看有没有更合适的，如没有合适的，再回来买也不迟！"

李燕眼睁睁地看着"煮熟的鸭子"就这样飞了，心里感到非常沮丧，但又不知道如何说服林女士！

旁白：李燕碰到了硬茬子，在建材家居领域，专业人士的确是个难对付的角色，李燕想起了熊老师，想知道他是不是有更好的方法，于是她找到熊老师。

李燕：熊老师，我在接待顾客过程中存在什么问题？

熊老师：你在接待过程中存在以下几个问题：

首先，你主动"树敌"，制造紧张气氛。设计师很可能是顾客邀请来的朋友，当他提出反对意见时，你却撇开设计师的意见，让林女士自己拿定主意，这不仅让设计师觉得受到轻视与怠慢，更让顾客颜面无光，无形之中，将设计师推到了自己的对立面，增加了促销的难度。

其次，面对突如其来的变故，你没有灵活的应对策略。林女士面对专业设计师的分析对原先看中的产品产生了动摇，此时，你应该想办法让李女士重拾对产品的信心，而不是一味地与设计师进行无效争执。

李燕：那么，您认为怎样才能接待好这种有专业人士陪同的顾客呢？

熊老师：遇到有专业人士陪同的顾客，你应该做到以下几点：

第一，保持沉默，摸清情况，抓住重点。辨别谁的决定权最大，影响力最大，主攻某一人，而不能忽视了重点，直接针对顾客。

第二，拉近与陪同的专业人士的心理距离。当设计师提出反对意见时，我们应称赞专业人士的见地与认识，从而获得买主的认同，然后与设计师共同探讨如何帮助顾客选购产品，融合设计师的意见后，再为顾客提供购买方案。

第三，给予专业人士好处。设计师或是施工队等专业人士为了能够获得利益、好处，故意给导购员找麻烦或是添乱，这时，导购员可以说："像您这样的专业人士，我们公司也很需要，方便留一个电话吗，有机会我们公司可以跟您合作！"当拿到电话号码后，导购员可以私下与其进行接触，承诺给予一定的好处，让其帮助导购员实现成交。

第四，分而治之。导购员可以想办法将陪同人员支走，或是让其他导购员接待自己的客户，从而分散顾客陪同人员的注意力。

第五，旁敲侧击。无论是设计师还是施工者，他们和某些厂商都带有某些合作关系，导购员可以从侧面向顾客说明情况，让顾客对专业人士失去信任，促使顾客自主性地做出购买决策。

第六，凭借绝对的优势力压异己。导购员可以凭借自己的信心与气势打压设计师，面对异议，导购员可以说："这款产品搭配已经连续卖了三年，从来没有一个顾客说不好，如果有问题，你可以回来找我！"以这种气势压倒对方。

李燕：好的，非常感谢熊老师的再一次指导！

案例二：接待好夫妻顾客

一对年轻的夫妇走进了 D&P 家具店，妻子相中一张粉色的席梦思双人床，执意让丈夫购买。导购员毛小蒙在一旁赞扬年轻的妻子真有眼光，能选中这一款时尚、认可度比较高的新款。丈夫却不以为然，反对说："这颜色和家里色调不搭配！"

妻子又走到另一款木质家具前，问道："这款和家里的欧式风格接近了吧？你看怎么样？"丈夫用手轻轻敲了敲床，认为是复合材料，不够结实，不够环保。妻子怒气冲冲地道："你的意见怎么这么多啊，你在家里也待不了多长时间！"毛小蒙见状，劝道："这款也挺不错的，既然太太喜欢，就让她买吧！"妻子也随之附和起来。丈夫有些生气："这款质量真的不行，你这不是乱花冤枉钱吗？"

妻子更生气了，大声地和丈夫争执起来，毛小蒙看到这有点手足无措，不知如何缓和、平息双方的怨气，最终夫妻俩愤愤离去。

旁白：毛小蒙还是太年轻啊！对夫妻关系不太懂，她又要找熊老师请教了。

毛小蒙：熊老师，我的接待工作有什么问题呢？

熊老师：当顾客开始出现分歧时，你并没有及时介入，将双方的情绪缓和；另外，在夫妻发生争吵时，你有意地偏袒其中一方，导致顾客之间的矛盾激化，无疑会影响销售的促成。

毛小蒙：那么，如何接待好类似的夫妻顾客呢？

熊老师：夫妻档顾客在建材家居市场出现频率很高，要进行巧妙地处理，我认为应该做好以下几点：

第一，关怀顾客。通过语言表达对顾客的关怀与赞同，创造出轻松、愉悦的沟通环境。比如，可以对女士说："小姐，您别生气，您不是说了吗？先生在家待的时间不长，但他还特意陪您来选购，给您出主意，其实他是在关心您，想让您睡得舒适、安心！"可以对先生说："先生，您看，您太太挑选的这两款都是性价比比较高的产品，经济实惠，太太真是持家有道，您可真幸福！"

第二，协调双方关系。导购员通过对双方观点的合理部分进行赞美与表扬，舒缓双方的情绪，然后说明双方都是为家着想，谁都没有错，逐渐引导顾客心平气和地交谈与选购。

第三，关注主角。当夫妻发生争执时，一定要先关注怒气占上风的一方，只有这一方先平息，另一方才能平静。所以，先对怒气旺盛的一方进行劝导，然后再抚慰另一方的情绪。

第四，不偏不倚，对双方的意见不偏不倚。导购员销售时，不要偏袒一方，打压另一方，应该学会不偏不倚，客观公正地阐明双方观点的合理性，让双方明白他们的出发点都是相同的，找到彼此共同的诉求点才是关键。

毛小蒙：我以为夫妻间听女方的多一些，只要女方赞成这事情就成了呢？原来要根据情况协调双方关系啊！

熊老师：当然了，男人即使不起决定作用，但是想破坏一单生意还是很容易的，男人也很重要哦！

毛小蒙：谢谢熊老师，我明白了，你是说你在我们店铺指导也是很重要的，对吧！

熊老师：汗！！！！

案例三：接待好纷纷涌入店铺的新顾客

D&P品牌瓷砖店周年庆，宾客如织。导购员毛小蒙忙得不可开交，她正给一位顾客介绍产品特性与价格时，另外一位顾客大声向她喊着："能给我介绍这款产品吗？"毛小蒙不好推辞，走上前去耐心地向顾客介绍。

没等毛小蒙给这位顾客介绍完，又一位顾客急切地凑上前来问："那款产品防水，防裂，易打扫吗？"毛小蒙脱不开身，连忙向顾客推脱："请您稍等片刻！"顾客不耐烦地抗议道："我都等了这么长时间，你们这是什么服务态度！"毛小蒙不得已走上前向顾客介绍。

对方咨询了一会，却没有立即购买的意思。当毛小蒙再回头找原来的顾客时，发现顾客已不见踪影，毛小蒙很失望与气馁：忙了大半天，却没有一个成交的！

旁白：毛小蒙这次又犯小毛病了，接待客户能力太差了，熊老师有什么办法帮她提升呢？

毛小蒙：熊老师，我这次是因为忙不过来啊！有什么好方法吗？

熊老师：我们先分析原因吧！

首先，你不懂得协调：店庆、节假日促销等活动，客流量较大，所有的导购员都在忙，单纯地一对一地接待、服务是不可取的。

其次，工作主次不分：你接待顾客，服务周到，本无可厚非，但是不能没有重点。前来咨询的顾客并不都是有购买意向的，而你主次不分，无论顾客有无明确的需求都提供服务，其中有需求的顾客却没有服务到位，没有明确需求的顾客反而过多服务，最后落得个一无所获的局面。

接待多位顾客时，作为一个优秀的导购员要做到以下几点：

第一，借助团队的力量。当导购员正接待一位顾客，而又有其他顾客走上前来咨询时，可以让其他导购员前来接待。此时，可以礼貌地向顾客说："您好，先生！马上就有服务人员过来为您服务！"

第二，应侧重成交。导购员要有同时接待两位以上顾客的能力，学会观察顾客的一言一行，迅速地捕捉顾客的消费需求，快速地完成订单。

第三，学会多管齐下。当有多名顾客同时在店铺中时，有些顾客可以暂时不接待。如果顾客在看样板，导购员可以让其认真比较，或是对顾客点头微笑示意，然后转向其他顾客，向他说明："让您久等了，没办法，实在太忙了！很多人都非常喜欢我们的品牌瓷砖，有时真的难以抽身！"利用顾客盲从的心态激发顾客的兴趣，并以此带动周围的顾客，达到多管齐下的目的。

第四，能罩住全场。当现场咨询持续火爆，所有的接待人员已经饱和时，就需要制造气氛。可大声地对新进来的顾客进行集中宣讲，可以说："非常欢迎各位顾客光临本店，下面由我来为大家介绍一下本店的几款最新产品……"这样可以提高在场消费者的兴趣，烘托现场销售氛围，提升人气。

第五，做好自我修炼。每名导购员都需要强化训练"接一待二顾三"的本领，就是专心接待一个顾客，分出一部分精力把第二个笼络住，不让其跑掉，并照顾好第三个人的感受，让他感知到你很想帮助他，但是现在没有时间。这样不断提升自我的接待能力，以免让顾客感觉受冷落而跑单。

毛小蒙：好的，感谢熊老师。我向你说的方向努力，哪天练就“三只手”，就可以一下子接三个顾客了，不要理解错了，不是当小偷的意思，呵呵！

三、时：接近时机要火候

门店销售工作的成败，很大程度上取决于销售人员能否成功地接触准客户。接近顾客不仅仅要讲究接触的时机，更重要的是灵活地运用接近顾客的策略与技巧，拉近与顾客间的空间距离与心理距离，为下一步产品推销洽谈做良好的铺垫。

案例一：运用提问法接近顾客

一位穿着正式的男士走进了 D&P 富森店面，环视了一圈，导购员孙可毅热情地迎了上去：“欢迎光临！本店正开展优惠促销活动，凡在此期间购买本店商品，一律 8 折优惠！”顾客轻轻地点了点头。

孙可毅为了进一步拉近与顾客之间的距离，试探着问道：“您之前听说过我们的品牌吗？”顾客应付道：“有啊！”孙可毅再接再厉道：“那您应该是我们的老顾客了吧？”顾客有点不耐烦地摇头道：“不是！”

孙可毅不厌其烦地追问：“今天您打算购买仿古砖还是抛光砖？我们品牌抛光砖最好，你可以看一下。”顾客沉默了一会，回绝道：“我先看看，你先忙吧！”

孙可毅没再勉强，之后，顾客独自绕货架转了一圈，略带沮丧地离开了店铺。

旁白：孙可毅现在敢说话了，怎么感觉说得又太多了呢？还是让他去问问熊老师问题出在哪里吧！

孙可毅：熊老师，我的提问方式有哪些不当之处吗？怎么顾客理都不理呢？

熊老师：归纳起来，你的提问方式有以下几点不当：

第一，接二连三地提问。你的提问声音不大，但是有点咄咄逼人与威胁意味，这样，顾客不仅不会敞开心扉与你交流，反而很反感与排斥。

第二，提问漫无目的。你的问题杂乱无章，彼此间没有关联性，只是为接近顾客而提问，没能围绕顾客的需求适时地发问。

第三，封闭式提问不当。刚接触顾客就用封闭式的问题，会让顾客产生被审讯的感觉，顾客只能在“是”与“否”或“有”与“没有”之间做出选择，容易让顾客产生抵触情绪，这样，你很难抓住顾客的需求。

孙可毅：那么，我怎样才能把握接近顾客的火候呢？

熊老师：用“提问法”获得理想的效果：

首先，根据顾客的需求与目的提问。比如，顾客进店后，没有表现明确的购买欲望，看起来只是散散心、闲逛，导购员可以微笑着走上前问：“您好，有什么可以帮您的吗？”以此进一步探听虚实；如果顾客进店后，流露出购买欲望，购买目的比较明显，可以问“您想选购仿古砖还是抛光砖？是自己家装修用还是给朋友选购？”等，这样可以进一步缩小顾客的需求，为顾客提供有针对性的服务带来便利。

其次，提问先用开放式后用封闭式，逐渐缩小交谈的范围。导购员面对顾客时，应先将话语权让给顾客，顾客说得越多，导购员掌握的信息就会越多；导购员根据掌握的信息，进一步缩小询问的范围，进而明确顾客的需求；最后，导购员再提出一些有针对性的建议进行引导，促成销售。

开放式提问没有明确的特指对象，对问题的答案也没有设限，这样可以让顾客畅所欲言，充分地表达自己的意见，自由地阐述自己的见解，导购员根据答案推断顾客的购买需求与心理状态。比如可以说：“大部分顾客反映这款砖很好，高端大气上档次，您是怎么看的?”

当顾客滔滔不绝地畅谈对某产品的看法与见解时，导购员要用“封闭式”提问将顾客引到自己的销售目的，帮助顾客找到需求。比如可以用“是否”“对吗”“哪一款”等疑问词明确顾客的需求点。但是封闭式提问有很大的局限性，常常会使顾客反感与排斥，所以在沟通中，应将封闭式和开放式有机结合起来。

用开放式提问，收集顾客的信息，以封闭式提问准确定位，然后给出指导意见，促成顾客做出购买决策，实现成交。

再次，前后问题要有承接以免前后问题单调、突兀。案例中，当你问：“您是我们的老顾客吗?”其实，无论顾客回答是或否，都应该有一个承上启下的过渡语。如果顾客说“不是”，导购员就应该说：“没关系，这次您买了商品，下次就是我们的老顾客了，只要是老顾客，我们都会提供一定的优惠！我相信这次您一定能挑选到满意的产品!”

最后，采取吸引顾客兴趣的提问策略。顾客有时想自由自在地挑选商品，不想被打扰，此时，如果导购员单刀直入，很可能会适得其反。因此，导购员可以在适宜的情况下，用一些奇妙的问题来激发顾客的兴趣。比如可以询问“您知道什么样的瓷砖才是好瓷砖吗?”“您知道如何鉴别瓷砖的好坏吗?”等。

孙可毅：非常感谢熊老师的分析讲解，下次我一定不这么冒失了，你看我的表现吧!

熊老师：为了帮助你快速掌握一些提问技巧，我回头把我书稿中关于提问的部分发给你，应该会对你有帮助的。

附：导购员专业提问技巧节选

世界销售大师汤姆．霍普金斯说过，你说的话，顾客只会半信半疑，顾客自己说的话，则是真理。沟通中要掌握主动权，必须要学会提问。

1. 询问的两种方式

询问的两种方式如表3－1所示。

表 3－1　询问的两种方式

	开放式问题	封闭式的问题
描述	描述：是指能让准顾客充分阐述自己的意见、看法以及陈述某些事实现状的问题	描述：让顾客针对某个主题，明确地回答是或否、“从中选一个答案的二选一模式”的问题
示例	您理想中的装修风格是什么样的？ 您对目前的瓷砖市场有什么看法？	您更在乎品质还是更在乎价格呢？ 您是刷卡还是交现金呢？ 你认为质量重要吗？ 您是第一次来看瓷砖吗？ 您有朋友用过我们的瓷砖吗？ 您买瓷砖的预算在什么范围内呢？

2. 情景不同问法不同

当你对顾客了解较少或较难判断顾客的情况时，你应该使用开放式问题，因为封闭式问题是预先设定了答案，如果你了解甚少，就无法预先设定答案。当然，当你对顾客了解较多时，你就可以开始使用封闭式问题，以便精准判断顾客需求。不同情景使用不同的问法，如表 3－2 所示。

表 3－2　不同情景不同问法表

问句形式	情景	话术
开放式	对顾客了解较少或较难判断顾客情况时	请问先生选什么样的砖啊？
	当顾客性格外向、开朗时，可使用开放式问题	先生准备买什么样的瓷砖呀？
封闭式	当你对顾客了解较多时，可使用封闭式问题	您是选玻化砖还是水晶瓷？
	顾客模棱两可时，可用封闭式问题缩小范围	您是本月用还是下个月用砖？
	只有少数几款产品可供客人选择时	先生是要 600 的，还是 800 的呢？
	当要确认顾客购买时间、购买需求时	先生，请问您是现在就急着要货吗？
	当你想催促顾客交款时，可使用封闭式问题	你是刷卡还是付现金呢？
	当顾客性格内向时，可使用封闭式问题	先生准备买抛光砖还是仿古砖呢？

3. 专业程度不同问法不同

购买瓷砖的顾客都不专业，所以选择题比填空题要容易得多。如问“先生准备买什么样的瓷砖呀?”顾客可能很难回答，因为他也不知道。但这时候，如果问：“先生准备买抛光砖还是瓷片呢?”可能一句话就能知道顾客的需求了。

在我们销售工作中也是这样，比如：你的库存只有600和800规格的砖。你可以问：“先生是要600的，还是800的呢?”这个时候如果问：“先生准备买什么规格的瓷砖呀?”你得到的答案有可能与你的库存相差甚远，到时再跟顾客解释就很费力气。

4. 建材家居领域的“四必问”

建材家居领域的“四必问”如表3－3所示。

表3－3　“四必问”表

内容	目的	话术
小区	了解消费水平	“你的房子在哪个小区?”
风格	根据风格推荐产品	“你的卧室/客厅多大面积，您带房型图了吗?”
时间	掌握进度锁定时间	“你的房子装修得怎么样了?”
电话	方便联系跟踪客户	“这是我的名片，方便留下您的联系方式吗，我们有新的优惠折扣第一时间通知您?”

小贴士

导购员要了解哪些话题是顾客喜欢的，作为交流中的寒暄与过渡环节，会让顾客更容易接近。据权威数据统计，顾客喜欢听的是：提到对方的嗜好占72%；提起对方的工作占56%；提起事实问题占25%；提起对方的故乡及所读的学校占18%。一位优秀的导购员要善于捕捉发现顾客感兴趣的话题。

案例二：运用示范法接近顾客

孙可毅接受了熊老师指导，接待顾客时好了很多。一天中午，孙可毅兴奋地到隔壁的建材城找朋友刘晓东吃中饭，顺便把熊老师的经验跟他分享。刘晓东听了孙可毅的分享很高兴，刘晓东说："我前几天碰到了这样一个情况，你帮我分析分析。"于是刘晓东叙述了他的经历……

一位穿着时尚的女士拿起一桶墙面油漆，上下仔细打量了一番，疑惑地问身边的刘晓东："你们这是环保油漆吗？"刘晓东微笑着解释道："我们的产品都是出自正规厂家，而且是通过萃取天然绿色植物的有效成分，结合现代技术精制而成，相比市面上的油漆，具有绝对安全的优势！"听刘晓东这么说，顾客将信将疑地看着油漆。刘晓东为了让顾客更加直接地体验产品，不假思索地将一罐油漆递到顾客的面前，"您闻一下，这款产品没有强烈的刺鼻味，气味低，安全可靠！"顾客不由自主地后退了几步，惊慌失措地连忙点头示意。

刘晓东发现顾客并未真正信服，于是将顾客带到了一个鱼缸前，将准备好的少许油漆倒入了鱼缸，受到袭扰的金鱼四处乱窜。"您看，这些鱼儿都安然无恙！"刘晓东笑着解释道。顾客不以为然："你们是不是每次都要换一些金鱼！"说完，转身就离开了店铺。

刘晓东：你说，我做的有什么错误的地方吗？

孙可毅：噢、啊、哦，这个我给你分析一下（于是孙可毅学着熊老师的腔调说）：

首先，你在产品"示范"前没有做好铺垫。一般顾客都认为油漆刺激难闻，具有一定的危害性，而你在没有向顾客说明用意的前提下，直接让顾客去嗅油漆，很容易使顾客惊慌失措；其次，产品示范缺少互动，产品示范不是独自表演，要能与顾客进行互动，顾客只有参与其中，才能激发他们积极主动地认识、体验产品。

刘晓东：那么，我怎么做才是正确的呢？

孙可毅：噢、啊、哦、喔……这个我真不知道了，我还是给你请教一下高人吧！我打电话给熊老师，你请教他吧。

熊老师：很多时候，导购员需要运用“示范法”接近顾客，达到快速拉近距离，建立信任的作用，但是如果运用不好，适得其反，刚才孙可毅给你分析的原因是对的，正确的做法是采取下面三个步骤进行：

第一，自我演示。为了证明产品是安全可靠的，在邀请顾客之前，导购员应在顾客面前体验产品。比如油漆产品，你可以把产品放在自己的面前，用手轻轻扇动，这样，顾客会感觉到你闻了没有事情，激发顾客尝试的欲望，然后再让顾客体验，这样顾客才能易于接受。如果是瓷砖产品，可以邀请顾客体验产品的防滑、抗压性能，导购员也应该自己先站在上面示范，顾客看到你没有滑倒，也没有把产品踩断裂，就会打消种种疑虑，他们才愿意体验产品。

第二，邀请顾客参与。当打消了顾客的疑虑之后，你就可以邀请顾客体验产品的性能，这在家居用品中是常见的，换句话说，你不让他们体验产品往往卖不掉。比如对于按摩器具等保健用品，一定要邀请顾客进行体验；对于床上用品、服装、箱包等，导购员更是要引导顾客接触感受产品，体验产品的的质感。案例中，将油漆倒入鱼缸中的动作，虽然能够很明确地说明产品的安全性，但此种体验顾客未必愿意亲身尝试。你可以将演示的方式告之顾客，引起顾客的兴趣后，带着顾客的专注度进行操作，这与让顾客自己操作的效果是一样的，又让顾客少了心理压力。所以说邀请顾客参与的邀请技巧也是很重要的，必须说明过程、步骤和结果。晓东啊！假如你这样告诉顾客：“我们这几条金鱼从开店就养着了，有时候顾客怀疑我们产品的环保性，我们就会滴几滴油漆进去，不信您试试！”相信你的成功率会高很多。

第三，准备销售示范工具。一款产品往往具有多项指标，为了能多维度体验产品，需要借用多个销售工具演示产品。案例中的样品盒子、小金鱼缸都是销售道具，其实还有很多销售道具，我们要多做准备多运用，比如：多乐士店面有很多可以闻、可以刮、可以看的各种涂料展示效果。这些都有利于更好地拉近我们与客户之间的距离，取得顾客的信任。我有些图片，我发给孙可毅，让他转发你！如图 3－1 所示。

用记使用名单（跨行业借鉴）

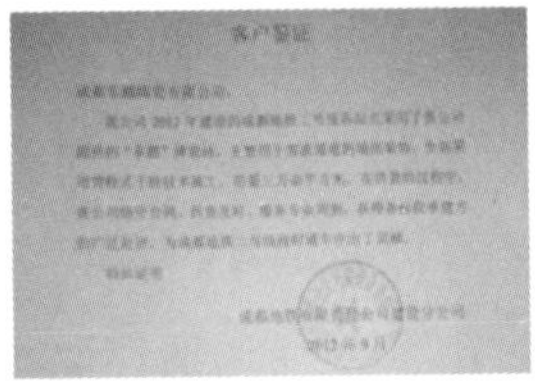

工程客户见证盖章（跨行业借鉴）

多乐士防刮体验工具

多乐士易擦洗体验工具

多乐士智动修痕体验工具

多乐士透明度体验工具

图 3－1　销售工具展示图

刘晓东：好的，非常感谢熊老师的分析讲解，您的电话号码我存储了，以后有事情我直接请教您，您可不要烦我啊！

熊老师：呵呵，助人为快乐之本嘛！欢迎欢迎！

案例三：运用赞美法接近顾客

顾客在店里快要走完一圈了，却仍旧没有挑选到心仪的商品。他们将要离开店铺时，毛小蒙心生一计，拦在顾客的面前，笑道：“大哥，您这么聪明绝顶，难道没有挑选到合适的吗?”男士为之一愣，然后撇嘴笑了一下，指着身边的女士说道：“你懂的，我的地盘她做主!”毛小蒙立即朝着女士迎合道：“这个我忽略了，居家过日子还是大姐说了算，您看这款产品，新到的样式，韩式小清新风格，看您就像韩剧的女主角，一定会喜欢的！”女士皱了皱眉，愤愤地说：“韩剧女主角都是经过整容的，我是原装的！”说完，二人有点不快地离开了店铺。

旁白：毛小蒙胆子是大了，可是用得不是地方，她又灰头土脸地找熊老师解决问题了。

毛小蒙：熊老师，我在这次接待的过程有什么问题吗？

熊老师：应该表扬你，工作上没有完美的人，人都是在做事情犯错误中前进的。从心态层面上来说，你是进步的，你打开了自己，不怕犯错误；但从技术上说你还是失败了。顾客之所以对你的态度冷淡，是因为你的行为举动及赞美接近手法运用得不够纯熟。

首先，拦截顾客太生硬。你贸然地拦截顾客，势必会让顾客厌恶和反感，不利于后期双方进一步沟通。如果你想用拦截方法，也要让顾客感觉是他撞上你，不是你主动地撞上他。比如，你可以在顾客必经的货架前方装作整理商品或调整商品的摆放，当顾客走近时，你再借用一些话题和顾客交流，就不至于唐突、冒失。

其次，赞美比较突兀。赞美顾客，没有伏笔与铺垫，顾客感觉不真诚，顾客自然心生不悦。另外，“聪明绝顶”等话术，让听者觉得有含褒于贬的意味。

毛小蒙：那么，应该如何赞美才能有效地接近顾客呢？

熊老师：赞美顾客是一个技术活，没有相当的功底是无法运用纯熟的。正所谓“见人说人话，见鬼说鬼话”，按常理，赞美一个人像韩剧的女主角一样漂亮、端庄、美丽、大方，没有什么不妥，但是别人就是不喜欢，你也就只能吃闭门羹。但赞美顾客还是有规律可循的，建议大家以后注意以下几个方面：

第一，距离适度。从商务礼仪的角度来说，刚接触时应与顾客保持

1.5米间距，微笑点头，与顾客的目光保持接触，传递给顾客专业、标准的服务印象。往往我们初级导购员会忽略这一点，不是太近就是太远。为什么要保持这个距离呢？距离1.5米，顾客说什么你都听得见，而且方便演示产品；这个距离是一个安全距离，再近一点顾客就会觉得受到侵犯，那时候你说什么都没有用了。所以接近的前提是保持距离，展现自己的专业姿态。

第二，择机赞美。每个人都喜欢听好听的，顾客也不例外，但是如果赞美不讲究“度”和“时机”，其效果也会大打折扣，甚至会适得其反。比如，当顾客对店面的产品没有兴趣时，为了引起顾客的兴趣，可以说：“先生，一看您就是有眼光的人，我们这款产品的胚体是最新技术压制而成的，看起来很薄，实际重量很大，抗压性能一流，您可以站上来踩一踩或是用手掂一掂！”所以，不能为了赞美而赞美，那样自己和顾客都别扭，一定要在交流过程中，根据话题寻找赞美的时机。

第三，赞美时寻找情感嫁接。赞美顾客后需要嫁接情感，以引起共鸣。比如，你发现一个顾客的发夹特别漂亮，于是你赞美说：“这个发夹真的非常漂亮！”但不要到此为止，而是进一步询问对方：在哪里买的？改天去看看是否有合适自己的款式；给我家小女儿也买一款，她一定很喜欢的。如果对方说是在×××高档商店购买的，你就又有发挥的机会了，可以“借力用力”继续赞美：“哇，原来是×××品牌，难怪这么特别呢！”如果对方说很普通，就是在×××小商品市场买的，那么导购员可以夸奖顾客：您真有眼光，能挑选到这么物美价廉的商品，相信您这次也一定能挑选到合适的商品。通过以上方式嫁接，拉近彼此间心理距离，延长顾客浏览时间，创造销售机会。

第四，善于发现。导购员需要根据顾客的不同特点寻找赞美点，赞美话术应因人而异。比如，导购员看见留着短发的男士，可以赞美：“先生，一看您的发型我就知道，您一定是个精明强悍的老板，现在很多老板都喜欢这样的发型！”若是留中分的男士，可以称赞：“看您的发型，就知道您是一位温文尔雅，有文化，有修养的人，您一定是教授或作家吧?”如果是头发凌乱，留有胡须，可以夸奖对方“有艺术家的气质，有型，时尚!”等，以此拉近距离。

毛小蒙：哇，赞美真是个技术活，我要好好消化才行!

熊老师：当然，我再给你发一份邮件，有很多现成的话术可以在销售中直接应用，帮助你快速成长吧!

毛小蒙：谢谢熊老师!

附：赞美顾客的话术

恰到好处的赞美是顾客难以抵挡的“糖衣炮弹”，因此也是拉近与顾客距离的“撒手锏”。导购要掌握这一门“绝技”，便要学会对不同人按照不同情境来表达不同的赞美。

1. 从顾客外表找赞美点

从顾客外表找赞美点如表3－4所示。

表3－4　从顾客外貌找赞美点话术表

顾客外貌	赞美话术
留着短发	“先生，一看您的发型我就知道，您是一个非常精明强干的老板，现在的老板都喜欢留这种比较精神的短发。”
留中分头	“先生，我一看您这个发型，就知道您是一位非常儒雅有文化的人，您是教授吗？还是作家?”
乱糟长发	称赞顾客有艺术感、有型、时尚
光头	称赞顾客有个性、有型、有智慧

2. 从顾客房屋信息找赞美点

从顾客房屋信息找赞美点，如表3－5所示。

表 3－5 从顾客房屋信息找赞美点话术表

信息	分类	赞美话术
住房信息	住得远	您住得离这里挺远的，开车来的吧？先坐这儿休息会，喝杯水
	住得近	××小区啊？那有很多顾客都在我这买过瓷砖
	新小区	真有眼光，你那个小区地段很好，升值潜力巨大，估计三年内房价就能翻一番
	老小区	老小区地段好，还清静，老的房子住得舒服
	高档小区	那小区挺高档，一看您就是成功人士，好房子就得配好砖，住得舒心，也气派
房屋用途	出租房	出租房瓷砖不需要花太多的钱，简单实用的就行。那些客房一般不爱惜房东的东西，所以瓷砖一定要选耐脏、耐腐蚀的，换房客了稍微打理又像新的一样。您看这款产品（纳福娜、珊瑚玉），出租房选这款的比较多
	自住	装修最好一步到位，好的瓷砖都能用二三十年，关键是选花色和工艺，您厨房的装修风格是什么样的？
	婚房	恭喜恭喜！结婚是一辈子的大事，婚房装修要喜庆点，来这边看一下专门为婚房设计的至尊纳福娜，那飘逸的大龙纹相信你一定会喜欢
安装位置	厨房	俗话说："穷看厅堂，富看厨房，厨房的瓷砖一定要选好一点的，既要看起来高档，又要实用、不积油、耐腐蚀、好擦洗。您喜欢什么样的风格？我可以给您推荐几款，这几款产品是专为厨房设计的，您看（产品抹油擦拭演示）
	卫生间	您有没有注意过，洗澡的时候，如果地上铺的砖不防滑是很危险的，如果家里有老人更要注意。所以卫生间的砖一定要选好点的、防滑的，我们也有很多款式，您可以到这边看看
室内光线	采光好	您真会挑房子，光线好的房子最好装修了，您家里目前是什么装修风格呢？
	采光弱	光线不好不怕，选好地砖就能弥补，我们刚好有几款新上市的产品，您可以先过来这边，我给您详细介绍一下

3. 根据不同人群找赞美点

根据不同人群找赞美点，如表 3－6 所示。

表 3－6 根据不同人群找赞美点话术表

分类	赞美话术
女性	夸发型好，问哪里做的；夸皮肤好，问平时怎么保养的

续表

分类	赞美话术
男性	夸见识多，赞美阅历丰富；夸品味好，赞美事业有成
老人	夸老人身体棒，问是怎么锻炼的；夸气色好，向他讨教怎么养生
年轻人	夸年轻人有活力，问最喜欢什么运动；夸年轻人时尚，问最喜欢听哪位明星的歌
孩子	夸孩子乖巧，赞美父母教育有方；夸孩子聪明，赞美孩子像其父母

赞美顾客过程中要注意的要点，如表 3－7 所示。

表 3－7　赞美要点表

要点	说明
真诚具体	如果与顾客沟通过，可以说："先生，我觉得您刚才说的××句话中的××点特别有道理，给我的启发很大，我觉得我以后做销售时，一定要注意这个问题。"这样顾客会觉得你很真诚
他人之口	在赞美顾客时，要让顾客感到真诚，可以借他人之口来赞美自己的顾客，比如："听您老婆的语气，我感觉您在家一定是个非常疼爱老婆的好男人，您挑选产品认真一点我完全可以理解。"
肢体动作	让顾客感到你真正赞美他最有效的方式就是肢体动作、表情，赞美顾客时，要真诚地看着顾客的眼睛，对顾客的某一个特点进行称赞

学会赞美有许多好处，不仅如此，通过赞美，还可以巧妙地与产品介绍进行对接；通过赞美，可以在顾客讨价还价时为自己赢得主动权。

谨记"三不管话术"。

（1）不管是什么颜色，都要说："您眼光真好，这种颜色装在大厅、卧室一定很好看！"

（2）不管是什么风格，都要说："您很有品位，这种风格将会成为流行。"

（3）不管是谁设计的，都要说："您很有创意，而且考虑得很周全！"

对顾客的装修风格、颜色喜好不要做负面评价，导购切记：不能把自己的想法与审美强加给顾客！

熊老师

案例四：选择适当的迎客行为

在D&P富森瓷砖店，庞欢刚刚在样板间里打完电话，出来看见有顾客进门，就一路小跑过去迎客，并说："欢迎光临D&P瓷砖店。"庞欢带着顾客观看了样板间和产品，给顾客指引介绍，由于手里拿了手机，她只能伸出一根或是三根手指给顾客介绍：这款产品是精工玉石系列，它有大理石的纹理，玉的质感，是非常好的瓷砖。

顾客随口问了一句："我们家50平方米，需要多少钱？"刚刚过于匆忙，庞欢没有拿计算器，就用手机给顾客计算，加加减减的速度很慢。顾客疑惑地问道："别人都用计算器，你怎么用手机啊？"庞欢面露惭色说："您先看看，我这就去拿计算器。"

庞欢小跑着去拿计算器，等到她回来时，顾客已经从后门走到竞争对手的门口了。庞欢喘着粗气，望着顾客远去的背影，她想喊顾客，但想了想放弃了：这样没有信用的人，也不一定是准顾客。

旁白：庞欢是个不错的销售员，怎么会犯这样的低级错误呢？这个问题还是让熊老师来分析吧！

熊老师：老员工也会犯错，因为知道和做到是两回事情。案例中，庞欢在样板间里面打电话，这是老导购员才有的行为，而接下来的接待工作就很随意，我猜测她的电话内容对她的工作是有影响的。单纯从案例中来看，庞欢在工作中存在以下问题：

第一，不恰当的肢体语言。由于刚接完电话，没有思想准备，仓促迎宾而乱了阵脚，接连出现了太多的错误肢体语言，让顾客感觉不好。

第二，一路小跑。一路小跑的动作让人感觉浮躁，使人产生防备心理，使客户不再容易接近。

第三，手指指引。用手指指引客户前进或是指引产品，都是不礼貌的行为，让人有距离感，或是感觉不舒服。

第四，用手机当计算器。手机是私人物品，不是商务用品，计算器虽然看起来很大，不好看，但是它是店铺商务的象征，给人以重视、被尊重的感觉。

在我们的走访调查中，无论优秀与否的导购员都会在某种情况下犯图3－2所示的错误，修炼自己应该成为优秀导购员的永恒主题。

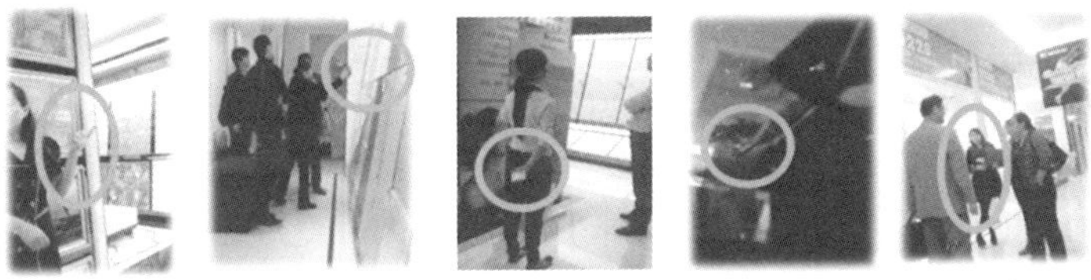

导购员手势　挥舞“计算器”　手里拿着手机　斜跨包在走路时左右摇摆　双腿交叉很不雅观

图3－2　导购员常出现的错误

庞欢：那么，我该如何做才能让顾客感到受尊重，并且赢得顾客的信任和好感呢？

熊老师：在培训界有一个观点，就是“三秒钟决定输赢”，强调顾客跟你接触的前三秒钟对你的印象是根深蒂固的，如果印象不好，后期你要花费很多的时间去扭转，这样我们的销售就会处于完全的被动状态。所以，顾客进门时就与顾客建立良好的信任关系，赢得顾客的好感是相当重要的，我认为必须做到以下几点：

第一，快步相迎。导购员看到顾客进门可以快步向前行走，但不是小跑。标准的走姿要求：两眼平视前方，腰挺直，下巴微收，左右脚的后跟尽量成一条直线，两肩相平，两臂摆动自然，保持微笑；每步约32厘米，速度为2步/秒，步伐轻松、矫健，保持这个姿势，快走几步即可。同时需要强调的是，优雅仪态的形成是不断训练的结果，有种很便捷的训练方法就是“顶书训练法”，如图3－3所示。店长们可以利用晨会的时间进行不间断的训练，一定会收到意想不到的效果。

图 3－3　顶书训练法

第二，鞠躬问好。鞠躬有两种，一种是30度的鞠躬，主要用于顾客刚刚进门时，说："欢迎光临D&P瓷砖店!"同时鞠躬30度，如图3－4所示。如果错过了这个时机，就适合用15度鞠躬示意，同时向顾客微笑，让顾客感受到你的关怀。

图 3－4　顾客进门时30度鞠躬示意图

第三，手势引导。在走廊引路时，应走在客人左前方的2、3步处，自己走在顾客的左边，让客人走在走廊中央，同时与客人的步伐保持一致，并适当做些介绍。给顾客介绍产品时，右手食指以下靠拢，拇指向内侧轻轻弯曲，手掌整体稍微向内弯曲，掌心向上，左手拿着销售工具。如图3－5

所示。

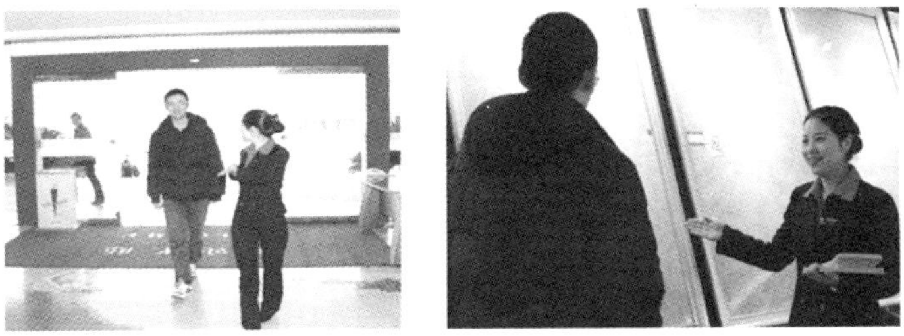

引领顾客进门　　给顾客介绍产品

图 3-5　手势引导示意图

第四，邀请入座。当顾客提出要求时，你可以说："您也走累了，不如我们到里面坐，我给您倒杯水，计算器在台子上，我给您好好计算。"同时用邀请的手势动作引导顾客入座。入座前先帮顾客移椅子，让顾客坐下来，然后自己在顾客的左手位置坐下，比较便于沟通和交谈。如图 3-6 所示。

摆正椅子　　邀请入座　　导购就坐

图 3-6　邀请入座示意图

这些内容是导购员的服务礼仪所需要学习的内容，其中还有很多需要了解的，在这里我就说这么多吧！我们要循序渐进，不要一口吃成胖子，反而会消化不良的。

庞欢：这些礼仪我都知道，只是有时候忘记了，不断修炼才是王道啊！

第四章

Chapter 4

九字真经打天下下篇：识、解、得

一、识：眼耳并用识来意

每天进入店铺的人形形色色，哪些是我们真正的准顾客？哪些是闲逛的？哪些又是优势竞争对手进来采集价格捣乱的？作为一个优秀的导购员，应该在第一时间识别他们的动机，以便采取相应的对策。

案例一：识别顾客对产品的期望

一天，D&P 富森瓷砖店进来一位年轻男子，他四处张望，导购员毛小蒙立即跑上前接待。

毛小蒙热情地介绍道："这是我们这里销量最大的产品，花色虽然很大众化，但价格十分优惠。"年轻男子说："太没特色了。"毛小蒙说："年轻人，特色没那么重要，重要的是实用性嘛！"年轻男子："我是想买用在酒吧的瓷砖，没特色怎么行。"说完年轻男子转身就想走。

毛小蒙连忙展出另一款瓷砖："你看这个够不够有特色？"年轻男子转身一看，是一款青花瓷图案的瓷砖，不过他瞟了一眼转身就走了。

旁白：毛小蒙在这次销售中好像没有什么错误，应该是顾客太挑剔了吧！还是让熊老师来分析一下吧！

毛小蒙：熊老师，我在这次销售中存在哪些问题呢？

熊老师：根据实际情况，主要问题是你在没有识别顾客的情况下就开始推销产品，导致失败的原因有以下两点：

第一，盲目推荐。在没有识别顾客进店目的之前就推荐产品，是很冒风险的事情，失败的概率极高，就像我们去射箭，没有看见靶子就开始射，只能乱射一通。

第二，不注意观察。稍微有点经验的导购员，在顾客进店时，首先要做的就是观察顾客的着装、造型。根据客人的装扮，初步判断他需要什么样的产品，这样我们在推荐产品时，胜算概率会高很多。

毛小蒙：那么该如何识别顾客喜欢什么样的产品呢？

熊老师：这个没有固定不变的公式，但还是有迹可循的，我建议从以下几个方面衡量并判断顾客的喜好。

第一，观察顾客的穿着。根据不同的穿着来判断顾客可能承受的产品价位，如表4－1所示。

表4－1　根据穿着识别顾客的喜好

性别	表现	分析	对策
男性	年轻男性：服装较为舒适、简洁	从事技术工作，收入较为丰厚的白领	推荐大众化、中档的产品
	中年男性：服装多为毛料、纯棉、真丝质地，光泽、平滑度都较好	成熟稳重的男性，是时代的消费主力	施展销售技巧，可以推荐高档产品
女性	打扮时髦，衣服款式新颖、面料别致	收入不错，生活品质中上，经济负担轻	推荐时尚简约的产品
	衣服款式端庄大方，做工精细	步入中年的成熟女性	有很强的购买力，可推荐高档产品

第二，留意顾客的配饰。根据不同的配饰可以看出不同的顾客层次，如车钥匙、包包、品牌名表等，导购员需要熟悉比较著名的品牌，高档产品的佩戴者基本为高端顾客，在向他们推荐产品的时候，也应推荐比较高档的产品。当然这也需要我们记住一些奢侈品品牌，如图4－1、图4－2、图4－3所示。

PATEK PHILIPPE 百达翡丽	VACHERON CONSTANTIN 江诗丹顿	AUDEMARS PIGUET 爱彼表	Breguet 宝玑表	IWC 万国表
PIAGET 伯爵	Cartier 卡地亚	JAEGER-LECOULTRE 积家表	ROLEX 劳力士	GIRARD-PERREGAUX 芝柏
OMEGA 欧米茄	RADO 雷达	TUDOR 帝舵	TAG HEUER 豪雅	LONGINES 浪琴
BALLY 百利	CC 香奈儿	CITIZEN 西铁城	CASIO 卡西欧	TIAN WANG 天王表 天王
TISSOT 天梭	Dior 迪奥	ck Calvin Klein 卡尔文·克莱恩	epos 爱宝时	ZENITH 真利时

图 4－1　名表品牌图

BALENO 班尼路	NIKE 耐克	adidas 阿迪达斯	LV 路易威登	GIORGIO ARMANI 乔治·阿玛尼
dunhill 登喜路	GUCCI 古驰	BALLY 百利	Reebok 锐步	CAMPER Camper

图 4－2　服装包饰品牌图

图4－3　名车品牌图

第三，了解客户的实际使用情况。站在顾客的角度，为顾客着想，导购是帮助顾客购买产品的，不是卖产品的。要了解你推荐的产品是不是他们真正需要的，我们可以询问顾客他的房屋用途、安装位置及房间光线等，然后根据实际情况推荐产品，如表4－2所示。

表4－2　通过实际使用情况了解客户需求表

类别		实际需求
房屋用途	出租	简单、经济实惠、耐脏、耐腐蚀、好维修
	自住 婚房	有档次、外观漂亮与整体装修风格完美匹配，且使用寿命长，好打理
安装位置	厨房	耐油烟、耐腐蚀、不沾油、不渗污、好擦洗
	卫生间	暖色调，防滑、不滴水、耐腐蚀、不渗污
房间光线	室内采光好	需要用亚光的砖，抛光砖会反光导致刺眼
	室内采光弱	选择亮色的或暖色的砖，使得空间看上去不阴沉

这样，顾客会感觉到你是在用心为他服务，从而信任你，才会愿意在你这里购买产品。

毛小蒙：熊老师，我认为我已经从你这里学了很多的东西，可怎么感觉我知道的越来越少啊？

熊老师：这就对了，说明你开始进步了，就是因为感觉到自己知道的少才会努力学习啊！我们共同努力吧！

毛小蒙：好的，谢谢熊老师的再次指导！

案例二：识别竞争对手的“间谍”

D&P 瓷砖专卖店店员孙可毅正当班，两位顾客进店来，他们都比较年轻，男士三十多，一身正装，女士穿着很普通。

男士开门见山地问道：“听说你们有一款产品一上市就卖得很好，不知道有什么特点啊？”孙可毅称赞道：“你真是内行，我们这款是用最新技术工艺做出来的，防滑耐磨抗污三合一。”女士又问：“你们品牌最近做什么广告了吗，要不怎么这么多人了解呢！”孙可毅更神气了：“我们在中央电视台和广播电台都有投放广告，花了 5000 万元呢！”

这时，公司经理金明来巡店，看见这位男士就打招呼：“老李呀，好久不见，您这是在忙什么呢？”男士一脸尴尬，原来他是其他瓷砖店的品牌经理。

孙可毅愣了好大一会儿才反应过来。

旁白：孙可毅这个愣头青，眼神也太不好用了吧！

孙可毅：熊老师，您能帮我分析分析吗，我眼光怎么这么差呢？

熊老师：根据情况，你的确稚嫩得很。

第一，思想单纯。竞争对手导购和你太熟，采集信息不太方便，而会找人演双簧进行市场信息收集。商场如战场，时刻提防还是必要的，以避免自己的信息被竞争对手得到，在销售中就会处于被动的局面。

第二，不注意倾听。竞争对手采集信息的人，问话都是颠三倒四的，而且两个人都是自己问自己的，没有任何逻辑性，不针对产品和需求发问，你却没有一点警觉。

第三，经验浅薄。你没能识别这是一次有预谋的、经过策划的事件，主要是因为经验不够丰富，没有信息保密意识和对竞争对手的提防心理。

孙可毅：那么该如何判断顾客是真顾客还是竞争对手来采集信息的呢？

熊老师：竞争对手采集信息的人一般有以下几大特征，导购员可以根据特征进行判断。

第一，眼神飘忽不定。一般的顾客都会将注意力集中在某一产品上，而竞争对手的“间谍”的眼神一般都飘忽不定，他们没有具体的需求信息，最多只表明是哪个小区的楼盘，因为是临时编造的，当你问他几楼几室时，他们往往说不出来，或是闭口不谈，而且也没有具体的房间面积，只有大概面积。

第二，说话闪烁其词。在与你的交流中，他总是顾左右而言他，你问他有什么需求，他就说最近瓷砖市场不是特别景气，你们公司生意还好吧？绕来绕去就是在套你的话，时不时会还会出现专业词汇。

第三，雷声大雨点小。他们表明要买这个要买那个，什么都看，贵的产品看，最便宜的产品也看，好像要把整个店铺都买下似的。但到需要确定的时候，就会说再考虑考虑，虎头蛇尾。

第四，说话前后矛盾。这点要在现场抓取，他们只关注信息，不关注产品，也不关注优惠信息；要资料要东西，就是不告诉你他要买什么，家里装修到什么地步了，其中很多矛盾点会出现。比如先说要便宜的，后说看看最贵的；先说自己住得没多远，后说我在某某某还有房产等。

无论我们是否识别出竞争对手，都应该礼貌地送走，以表示我们是大品牌，我们是大公司的导购，具有好的形象做派。切勿以戳穿对方为理由，把他们赶出门外，应该礼貌地欢送，但不泄漏任何公司机密。

孙可毅：“间谍”毕竟是间谍，还是有很多破绽的，如果我知道这些，应该不至于那么容易上当了。

案例三：识别顾客是否为准顾客

最近，D&P瓷砖店店员毛小蒙工作热情高涨，她看了不少书，听了不少课程。公司倡导：进门都是客人，不要以貌取人，每个人都要热情接待，详细介绍。

有一天，一对情侣模样的年轻男女走进店，边走边说：“这家店的产品还不错，店面风格也还可以。”毛小蒙走上前热情地进行介绍，从产品聊到天气，从天气聊到雾霾，从雾霾聊到国家大事，不知不觉一个小时过去了。

忽然，毛小蒙缓过神来，问顾客家里装修得怎么样了。顾客说：我们没有要装修啊，路过随便转转，看你们家环境不错，歇歇脚而已，时间也不早了，我们也该走了。望着客户的背影，毛小蒙拍拍自己的脑袋：怎么这么浑呢？陪他们玩什么啊，浪费了大好时间。

旁白：毛小蒙是个好同志，在成长的过程中知错能改，但改后还能再犯，怎么办呢？

毛小蒙：熊老师，我这次接待的失误体现了什么问题呢？

熊老师：从情况来看，你在这次工作中存在以下问题：

第一，没有识别顾客的能力。虽然进店的都是客人，但是客人也有不同，有的是急需产品的，有的是品牌的忠诚客户，有的就是踩点闲逛的。不同的顾客识别后，进行不同的时间投入，这样才能使自己的工作效率最大化。

第二，忘了自己在做销售。毛小蒙忘了自己是导购，就跟顾客海聊起来，聊得很高兴，很嗨，但却没有回归到点子上，没有了解顾客的任何需求。

第三，不能活学活用。公司倡导进门都是客人是没有错的，强调的是对任何人都要有平等心，都要一样对待，体现品牌形象。而在所有顾客中只有一部分是准顾客，我们要把更多的精力投入到准顾客中，这样才能促进成交，否则聊得很多，但是成交率很低，也是得不偿失的。

毛小蒙：那么，如何识别进店客人是不是准客户呢？

熊老师：识别客户是否为准客户，可以从以下几点来判断：

第一，观察顾客的行为。准顾客的行为举止是有特点的，对个别产品比较关注，站在某块产品前面不停地点头或微微摇头，好像在思考；会特别注意产品的品质，会摸、会敲击、会看瓷砖的胚体是不是很好，表面是不是有色差等等。对产品的价格也特别关心。这些行为举止都可以看出来他是一个准顾客。

第二，关注顾客的语言。一群顾客之间的交流就能说明问题，准顾客谈论的是产品及与其他店铺的产品比较，而闲逛的看的是店铺风格；准顾客谈论的是产品价格还有品牌，而闲逛的顾客谈论的是某款饰品多么好看，某个样品怎么坏了，关注的焦点完全不同。

第三，询问具体需求。通常，我们通过问话可以探寻出顾客的需求和真实目的，通过判断就可以锁定准顾客。就瓷砖行业而言，导购员必须问以下四个问题，以判断顾客的真实动机，如表 4－3 所示。

表 4－3　询问判断顾客表

内容	目的	话术
小区	了解判断辨识消费水平	你的房子在哪个小区？
风格	了解判断喜好什么风格产品	你的卧室/客厅有多大面积，有带房型图吗？
时间	掌握进度锁定时间	你的房子装修得怎么样了？
电话	方便联系跟踪客户	这是我的名片，方便留一下您的联系方式吗，我们有新的折扣第一时间通知您？

二、解：成交之前解心忧

在多数情况下，顾客不会轻易地做出购买决定，即使他们想做出某种购买决定，也会犹豫再三。但是，如果顾客有了购买欲望，他们的语言或行为往往流露出购买意图，因此，解读顾客的购买信号对于成交显得尤为重要。如果导购员能及时地发现顾客的购买信号，尽管这种购买信号不能必然地促成购买行为，但是可以大大提升签单率。如果没有准确、及时地识别与确认，很可能就会失之交臂。那么，如何明确顾客的购买信号？

案例一：识别顾客的表情、行为与语言信号

在D&P富森品牌店，毛小蒙细致而又全面地向顾客介绍着一款款水晶瓷的优点、特性，顾客听得很认真，也很专注，并不时地点头。毛小蒙介绍完产品后，顾客皱着眉头有点担心地问道："听说你们的售后服务有些不尽如人意啊？"小蒙未加思考，脱口而出："放心吧，我们的产品质量上乘，老品牌大公司，绝对值得信赖！"顾客低头不语，沉思良久。毛小蒙有点纳闷，顾客之前还挺有兴致的，现在怎么一言不发了？见此情形，毛小蒙微笑着问道："您还有什么问题？我可以一一为您解答！"顾客摇了摇头，说道："没有什么问题了，我再考虑考虑吧！"说完，有点恋恋不舍地离开了店铺。

旁白：这个顾客有点奇怪，毛小蒙说得好好的，顾客怎么不说话了。毛小蒙又晕了，还是请教熊老师吧！

毛小蒙：熊老师，我又哪里做错了？

熊老师：没有什么，这些都是正常的，只是你的眼睛要升级了，不但要看出顾客有什么需求，还要看出顾客处在什么状态才考虑购买，根据情况而定。

首先，你没有识别顾客的购买信号。当顾客有购买欲望后，往往会通过表情或是行为表现出来，如果此时能从顾客“专注的神情”上识别、判断出购买意图，并正确及时地加以引导，很可能就会拿下此单。

其次，当顾客紧蹙双眉，质疑售后服务情况时，你的回答避重就轻，答非所问，这样会让顾客觉得你不够真诚，有欺骗消费者的嫌疑。

最后，顾客对某种产品感兴趣，往往是基于产品的一两个亮点，通常会在言语、表情上流露出购买意图，所以导购员在与顾客接触过程中，应识别出顾客的购买信号，抓住时机，突出产品的亮点，迅速实现成交。

毛小蒙：那么，如何识别出顾客表情、行为信号，抓住时机，促成成交呢？

熊老师：顾客的表情变化是顾客心理活动的真实写照，因而，识别表情信号是把握顾客购买意图的关键。顾客神情专注，表明顾客对于产品已经产生了浓厚的兴趣，此时，导购员应该主动地抓住机遇，实现成交。

在日常销售过程中，可以通过观察顾客的表情变化来判断顾客的意图，如表4－4所示。

表4－4 顾客语言表情信号表

类别	信号
表情	1. 顾客的面部表情从冷漠、怀疑、深沉变得自然大方、亲切、随和，说明对产品产生了兴趣 2. 眼睛变得发亮而富有神采，从若有所思转向明朗轻快，紧锁的双眉舒展开，变得轻松、愉悦，此种变化说明某种商品与其事先的要求相差无几 3. 嘴唇不由得抿紧，似乎在比较、权衡产品的性能与价格 4. 顾客不时地点头，说明此时顾客对产品基本上没有什么大的异议了，成交的时机已接近成熟 5. 仔细观看说明书，抚摸产品，拍拍推销员的手臂或是肩膀等姿态均是成交的表现

续表

类别	信号
语言	1. 顾客也会通过言语将购买信号传递给导购人员，而导购员要想获得这样的信号，前提是有效地倾听。比如，当妻子询问丈夫“你觉得我们家买这款好看吗?”时，表明妻子对这款产品已经没有异议了。 2. 有时顾客传递给导购员的购买信号很微妙和隐晦，这时就需要导购员具有很强的分析能力、辨别能力，从顾客的言语中洞悉其真实的感受，促成与顾客的交易。比如，顾客说：“你这丫头嘴真甜，哪有你说的那么好啊!”表示友好，“你对产品很熟悉啊”、“你真是个不错的售货员”，这些表明顾客对导购员已经放松了戒备，基本上已认同了导购员的观点，这时就需要尽快结束销售行为 3. 如果有亲人或是朋友陪同顾客购物，对顾客购物行为发出干扰信号时，导购员需要锁定关键目标，辨别谁的影响力最大，权力最大，然后主攻某一人，激发起顾客的购买热情 4. 有时顾客发出的购买信号比较显而易见，表露无遗，比如顾客赞赏产品的性能、质量，故意压价，询问有无礼品赠送、售后服务等情况，关心一些细微的附加功能：这个瓷砖防不防滑，家里住着老人。

当导购员识别清楚购买信号后，最重要的就是马上要求成交。顾客此时的情绪是最容易摇摆不定的，一旦错过这个时机，顾客很可能会马上反悔。所以，抓住成交时机对于导购人员来说非常重要。

毛小蒙：好吧！我再把我的眼光升个级，七七四十九天后我就成火眼金睛了！到时候什么状况我都看得出来，加油！

案例二：应对顾客的质疑

D&P 富森家居店导购员孙可毅滔滔不绝地向身边的顾客介绍着产品的特性、面料与品质，最后有位顾客问道：“你们有赠品吗?”孙可毅高兴地说道：“如果您今天消费超过 3000 元，可获赠价值 120 元的春秋被一条，物超所值!”谁知顾客愤愤不平地数落道：“赠品都是便宜货、地摊货，上一次我买了一双名牌运动鞋，他们赠送的袜子没穿几天就破了!”

孙可毅连忙给自己解围道：“我们公司的赠品和卖品都是免检优

质产品，您放心好了！”那位顾客并未信服，对着周围的顾客继续嚷道：“我每次买东西，他们都说放心，可最终每次都让人失望！”孙可毅以略带戏谑的口吻说道：“啊，那您可真够倒霉的！不过我们的赠品与专卖店的商品无任何区别，您可以放心购买！”这位顾客还是摇了摇头，随后转身离开了店铺。

旁白：这个顾客够刁钻的，孙可毅的气场还不够啊！看看熊老师有什么办法，是不是能与这种客户成交？

孙可毅：熊老师，你觉得我的销售过程存在什么问题吗？

熊老师：可毅啊！你的沟通能力提高了很多，不过还要修炼啊，我帮你分析分析。

首先，没有抓住顾客的购买信号。当顾客出现购买信号时，你应该趁热打铁，迅速地实现成交，而不是一直针锋相对地辩驳，致使顾客对产品质量始终抱有顾虑。

其次，对顾客的遭遇没有表示同情，而是带有幸灾乐祸、调侃的意味，也势必会引起顾客反感。

孙可毅：照您的说法我怎么样能促使这位顾客由“怀疑”转变为“信任”呢？

熊老师：可以采取以下的步骤和方法进行，不能确定一定拿下，起码不会像你这样灰头土脸地败下阵来。

首先，捕捉顾客的购买信号。当顾客问及赠品时，说明顾客的心理正处于比价阶段；而顾客进一步讲述以往购买商品的赠品的不幸遭遇时，更说明了顾客已经有了强烈的购买意向，此时，你应该牢牢地抓住这两点信息。

其次，导购员应该与顾客的立场保持一致。当顾客讲述完自己的不幸遭遇时，导购员可以说：“原来是这样的啊！这样的公司真是太不负责任了，您是信任他们的品牌才会购买的吧，他们对顾客的信任不珍惜，真是太不应该了！”从顾客的心理需求角度出发，这样的回答很容易引起他们的共鸣，让顾客同时产生一种同仇敌忾的感觉。

再次，理解顾客的担忧，陈其利弊。顾客对导购员所说的话表示担忧，有时不无道理，因为他们害怕上当受骗。为了拉近彼此之间的距离，增加对导购员的信任，导购员可以以朋友的口吻对顾客说：“有些公司认为赠品是额外免费赠送的，所以就选择了一些比较廉价的商品，这些赠品在质量上没有保证，从表面上来看，确实为公司省下一笔钱，可实际上却降低了顾客对公司的忠诚度，顾客的信任才是公司的最大财富，他们这样做可谓得不偿失，所以您对赠品质量的担忧，我们完全能理解！”

接下来，邀请顾客体验产品，建立起顾客对公司产品的信任感。顾客在体验时，导购员要对产品的质量进行解说，如：“先生您可以放心，我们公司是老品牌了，对产品原料、制造工艺、售后服务等各个方面都精益求精，另外，赠品的质量也是从各个环节进行把关的，您可以触摸一下感受它的质感……”

最后，当顾客再发出购买信号时，要主动出击，完成最后的成交。

孙可毅：好的，感谢熊老师。

熊老师：其实，顾客的质疑会有很多，需要长时间的磨炼才可以把握，我发给你一份我总结提炼的应对瓷砖销售中顾客常见质疑的话术，帮助你快速成长起来。

瓷砖行业常见顾客质疑问答话术，如表4－5所示。

表4－5　瓷砖行业常见顾客质疑问答话术表

顾客质疑	话术
怎么没什么礼品赠送	您的心情我们能理解，但很抱歉，这段时间我们没做促销活动，所以没有礼品。但是买瓷砖，重要的是产品本身的花色好不好，质量可不可靠，其他都是次要的。再说呢，这些促销礼品又值几个钱呢？您说是吧

续表

顾客质疑	话术
为什么你们的砖是分两层的？不是通体的吗？	这位先生/女士一看就是行家了，不瞒您说，我们的砖看上去是两层的，但是实际上也是通体的。有分层的效果是因为我们在生产的过程中使用了两种着色剂，从材质上，砖是通体的
花色不好？	这是最经典的花色，流行的东西生命都很短暂，而且几年一个轮回，唯有经典的东西，是永恒的，永远不会过时。就像黑白颜色，十分耐看
产品不够白？	看来您是个行家，白的瓷砖确实好看。但是您知道为什么有些瓷砖特别白吗？因为在瓷砂里添加了硅酸锆，硅酸锆含有放射性物质，添加得越多，产品越白，越好看，但放射性就越高，对身体有害。我想，您不会为了好看，而牺牲健康吧？我们的产品获得了全国几乎所有的关于环保方面的认证，健康无害，您可以放心购买
不知质量好不好？	很多顾客都有你这样的担心，毕竟瓷砖是耐用品，不是用一年两年的。我们是国家免检产品，首批通过国家3C认证，产品质量稳定可靠，请您放心
铺贴的整体效果与单片是否一致？	很多有经验的顾客都有您这样的担心。请您放心，我们的产品在出厂前，都经过铺贴效果测试，评价不好的要重新改进花色。现在您看到的这几款是经过反复测试、改进后的经典花色，您看这个画册上的效果图，就是整体铺贴的效果，这个效果与您铺在家里是一样的
产品有问题怎么处理？	很多顾客都有这样的担心。我们公司有专门的售后服务部门跟踪、处理顾客的售后服务，而且我们的产品一般情况下是没有问题的，一旦出现问题，我们的服务人员24小时内上门处理。这是我们的售后服务电话，您有任何问题，随时可以打电话，这一点请您放心

案例三：有效促进成交方法

在D&P品牌瓷砖店，张小姐看着琳琅满目的瓷砖，花了2个小时精挑细选，导购员毛小蒙在一旁不厌其烦地逐一介绍，最后她选中了两款，一款客厅用，一款厨房用。

毛小蒙看到顾客心满意足的神情，不禁喜上眉梢，心想可以让顾客成交了，于是微笑着对张小姐说道：“您真有眼光，这两款都是今年最新的款式，价格也公道合理，我看您就选这两款吧。”张小姐愣了一下，而后说：“这两款是还行，不过你们这也太贵了，我看别人的才80一片，你的180一片，打劫的价格啊！”

毛小蒙表现出很为难的神情说："这个价格已经很低了，您说的是没有品牌的产品，而我们是一线品牌，这款只能算是中等价位，我们还有820元一片的呢？"张女士说道："我不管你们什么品牌，我看都一样，品牌也不能这么贵啊！给你120一片，可以吧！不然我就不买了！"

毛小蒙见顾客生气了，知道自己失口了，半开玩笑地说道："如果以这个价格卖给您，我就得自掏腰包了，老板准会炒我鱿鱼！"张女士讥讽道："你这么优秀，老板才舍不得开除你呢！"毛小蒙骑虎难下，很为难地说："要不你再看看其他款式，有促销价更便宜的？"张女士一听火了，都看了2个小时了，还让我看，"那好吧，我到别处去看看！"

旁白：这样的顾客好像真没有办法成交，不爽快又抠门，毛小蒙又没有咒念了。

毛小蒙：熊老师，您觉得这个客户能成交吗？

熊老师：小蒙啊！估计时间长了，你又忘了，根据三把神沙的第三把"意念让你销售无往而不利"，任何人都有成交的可能，她怎么就不能呢？当然我没有一招就能打遍天下的招法，但是我们多知道一些，还是可以增加胜算的。

第一，成交话术过于生硬，并代替顾客做出购买决策。顾客购买商品往往是在购买动机的牵引下，对商品经过反复的比较、筛选，选中自己满意的商品。如果导购员急切地让顾客成交，或是代替顾客做出购买决定，往往会打消顾客的购买热情，并对导购员产生抵触情绪。

第二，当顾客对产品讨价还价时，导购人员仅仅站在自己的立场上进行辩解，而且寸步不让，没有充分照顾顾客的利益，这种生硬的成交技巧，会将一些有意向的顾客拒之门外。另外，导购员本想采用"以退为进”的方式促使顾客成交，没想到顾客已领其意，索性来了个“知难而退”，一旦顾客离开店面，再次回头购买的可能性就很小了。

毛小蒙：那么，我应该如何应对这样的顾客呢？

熊老师：我认为可以从以下几个方面应对：

第一，确定顾客所喜欢的商品。顾客对某件商品感兴趣，往往会通过购买信号传递给导购员。此时导购员就需要察言观色，捕捉顾客的需求点，并不失时机地对其进行引导与修正；一旦确定顾客喜欢的产品后，不要试图让顾客更换商品，那样一定导致销售失败。

第二，解决顾客的异议。导购员在提出成交前，一定要先解决顾客的最大异议。如果顾客对商品的价格比较在乎，虽然商品不打折，但是导购员可以提前向顾客说明此价格的合理性，以及与同类产品相比存在的优越性，这样会增加成交的胜算。

第三，让步成交法。除了极其个别的情况，多数店铺的商品在价格上都应该有一个可商量与缓冲的余地，如果店员没有直接提供优惠的权限，可以向上级领导申请，即使不成功，顾客也会明白你已经尽最大努力为之争取利益。如果顾客只是对价格有异议，导购员也可以利用会员卡的折扣实现成交。有时，对于那些喜欢砍价的顾客，导购人员不能轻易做出让步，而是要判断其是否确实想买而又存在支付上的困难，如果让步过于积极，或是随意，或许会让顾客兴趣索然。此时，导购员可以回避要与不要的问题，反问对方需要购买的数量，然后根据数量考虑对方能接受的价格与折扣，这样会给顾客一种比较认真而又灵活的处事印象，而顾客自己在价格上优惠的愿望又不至于完全落空。

第四，成本计算法。通过详细的成本计算让顾客信服价格的公正，通过价格分解来化解顾客贵的想法。针对上文案例中的情况，导购员可以这样说：

是这样的，老板，我们这款瓷砖每片180元是含着很多服务在里面的，别的店送货只是送到楼下，我们D&P品牌是送货上门。您知道的，请搬运工送货，一箱砖上一层楼需要支付2元，您住几楼？9楼，一箱3片砖，这样的话每一块砖要6元搬运成本。而且我们这款产品是送铺贴的，一片800规格的砖铺贴费10元，技术好一点的师傅12元，加上水泥沙，每片砖铺贴费用至少16元。我们请的铺砖师傅都是合作了很多年的老师傅，技术很好，而且铺贴完之后，还无条件把多余的砖和水泥沙退回来。这些服务的成本每片大概30元，把这些成本扣掉，我们的砖也就差不多128元一片。选了我们的砖，您只要等着工程验收就可以了。您要是买别的品牌，还要自己去市场买水泥和沙子，自己请师傅，还要时刻盯着，怕他偷工减料铺不好，铺完以后，多出来的砖和水泥沙子还要自己处理，算算这个成本和时间精力，我们的产品价格并不贵。

第五，价格分解法。价格分解可以让顾客更加清晰地看到一款产品的价值所在。比如：

您再想想，我们的产品至少能用20年以上，算一下每年您只需100元，每天大概只要花3毛钱就能得到如此好的享受，何乐而不为呢？其实以这款产品的品质和档次，这个价格是性价比非常高的，对您是非常划算的。来，我帮您开个票……

毛小蒙：哦，原来如此，谢谢熊老师！

熊老师：其实还有很多方法我也顺便跟你说一下，这次用不上，下次情况不同或许就能用上，有备无患，如表4-6所示。

表4-6　成交技巧名录

方法	说明
礼品成交法	如果店铺没有条件在价格上实现优惠，顾客可能会觉得有些沮丧与不满，为了防止顾客流失，此时，不妨赠送一些礼品让顾客获得满足。比如导购员无法提供优惠的价格，可以说："虽然在价格上没办法优惠了，不过我们可以赠送您一件精美的礼品！"

续表

方法	说明
多买优惠法	如果店铺内有其他的可以连带销售的商品，可以建议顾客再凑足一定的金额购买，以解决顾客价格优惠的问题，以及连带商品的销售。比如，导购员可以建议："如果您再给家人买一款，那么我们就可以给您这个价格！"
激将成交法	与其他顾客做对比，让顾客产生心理落差与危机意识，从而实现成交。比如可以说："这款产品最抢手了，现在只有一件了，如果您不买的话，可能就没有了！"用激将法刺激顾客的购买欲望，让顾客有一种机不可失的紧迫感
动情成交法	有时，运用一些"晓之以理，动之以情"的销售话术，也会收到奇效。比如可以说："像您这样的身份，也不差这点钱，也许您觉得买贵了会上当，请您放心，一分钱一分货，只要是在我们店铺买的产品，如果出现任何问题，您都可以直接来找我！另外，这款产品也是蛮新潮的，您家人看到后，也一定会砰然心动的！"
引导成交法	通过语言引导顾客做出购买决策，比如可以建议："我觉得那件白色的款式更好看一点，您不妨体验一下！我自己也买了同一款！效果很不错！"以此来消除顾客的反感与戒心，引导顾客逐步地接受你的观点与建议，实现成交
重点成交法	当我们向顾客介绍完产品的重点后，应尝试着实现成交。因为，很多顾客购买产品往往是基于产品的一两个亮点，所以要善于利用这点来满足顾客。重点成交法一般分为三个步骤：1. 向顾客介绍产品的优点；2. 征求顾客对这一点的认同；3. 果断地促成成交。例如，导购员介绍完某款产品具有高抗污、高环保特性后，拿出产品的资质证书，询问顾客的看法，如果顾客认同，你就可以紧接着征询对方"什么时间方便送货"，这样可以节省时间，高效地找到顾客的关注点、兴趣点
假定成交法	假定成交法是指销售人员在假定客户已经接受销售建议，同意购买产品的基础上，承诺此产品能给顾客带来的利益与好处的一种方法。例如，"先生您看，假如您买了这款产品，每年可以节省几十度电，电费支出也减少了，而且又环保，不是很好吗？"用这样的方式可以适当地减轻顾客的成交压力
"快刀斩乱麻"成交法	如果以上方法仍未奏效，那就应该当机立断直接要求顾客购买，此类方法比较适用于"犹豫不决型的顾客"。例如，可以说："都给您介绍半天了，不要犹豫了，如有问题，直接找我！"
选择成交法	就是直接向客户提出若干购买的方案，并要求客户选择一种购买方案。例如，"李小姐，我们已看了这两种马桶，您要这一款，还是要另外一款呢？"向客户提出选择时，尽量避免向客户提出太多的方案，最好的方案是两项，最多不要超过三项，否则就不能够达到尽快成交的目的

毛小蒙：我的天啊！这么多成交方法，以后我就一招不成再换一招，不信她不中招。

熊老师：不怕百招会，就怕一招精，还是把你善于运用的练到精熟为好。

毛小蒙：好的，知道了！

小贴士

统计数据：2%的销售是在第一次接洽后完成；3%的销售是在第一次跟踪后完成；5%的销售是在第二次跟踪后完成；10%的销售是在第三次跟踪后完成；80%的销售是在第4至11次跟踪后完成！

几乎形成鲜明对比的是，在我们日常工作中，我们发现：80%的销售人员在跟踪一次后，不再进行第二次、第三次跟踪。可以看出，成交是一个持续的过程，作为销售人员要不断地尝试，并坚持跟踪下去，你一定会成为最后的胜利者。

三、得：得客户者得天下

终端门店的销售业绩统计中，最关键指标之一是客单值。一个顾客进店后购买产品价值的多与少，影响着终端门店的销售量。据相关统计，通过合理的流程设计，通过一套有效的追加销售话术，可以提升40%以上的销售！那么如何通过连带销售把一个小的单值做大，是导购需要具备的本领，这样才能把店铺的销售业绩提升。运用什么方法可以做到连带销售呢？

终端门店是一个销售端口，无数的销售案例表明，维护一个老客户的成本要比开发一个新客户的成本低得多。而老客户除了具有重复消费的优势外，还能提供转介绍，即带动朋友、亲戚、客户进行消费。乔·吉拉德有一个“250定律”，就是每名顾客背后有250人的关系网，如果能赢得一位顾客的好感，就意味着赢得了250名顾客的好感，如果得罪了一名顾客，就意味着得罪了250名顾客。那么，导购员如何才能让顾客做好转介绍，获得更多的客户资源呢？

案例一：创造连带销售的机会

在D&P品牌店铺，孙可毅正在做店铺卫生，此时进来两位中年人。孙可毅马上向前接待："您好，欢迎光临D&P品牌店，现在我们正在做促销，请随意挑选……"其中一位顾客站在一款888元的淋浴器前看了一会，孙可毅迅速上前："这款是我们刚刚做特价的产品，很划算的，以前都是卖1600元的。"

顾客试了试，感觉有点土气，孙可毅热情地解释道："这个款式是经典款，2009年的时候很流行，现在卖得也还可以。"顾客犹豫了一下："好吧，就买这件吧！"客人付完账，孙可毅礼貌地送走客人。

孙可毅高高兴兴地向店长汇报说又卖了件淋浴器，店长海英却没称赞他："卖特价产品不算什么本事，顾客进来一次不容易，你有机会就要多卖他些东西才是！"孙可毅心里不服气：公司做特价不就是用来增加销量的吗，不卖特价，哪里来的销量啊！让我卖大单，人家没有意向购买，我总不能拉着人家不让走吧？

旁白：孙可毅的看法好像没有问题，店长是不是故意刁难啊？孙可毅还是问问熊老师吧！

孙可毅：熊老师，我卖了产品还要被说，你说我们店长是不是太刻薄了？

熊老师：根据情形来看，店长批判的不是你的销售结果，而是你的销售意识还需要提升啊！主要原因应该有以下几点：

第一，没有连带销售意识。你在顾客成交后就急切地把顾客送出店铺，没有让顾客继续参观店铺，看看顾客是不是对其他产品还感兴趣，创造连带销售机会。

第二，缺乏销售技能。顾客刚进入店铺，你就给顾客推荐特价品或是低价产品，这是对自己的产品销售信心不足的表现，销售技巧缺乏，没有高价位产品的销售能力。

第三，对顾客朋友忽视。你忽视顾客的朋友也是顾客，虽然他不是主要的购买者，但是他是潜在的消费者。聪明的导购员懂得讨顾客同伴的喜欢，在时机合适的时候把他们也拉进来进行销售。

孙可毅：熊老师，您的意思是对于这个顾客，还有很多销售的机会吗?

熊老师：是的，他还有很多潜在的购买需求，优秀的导购员都不会忽略深挖客户。而且由于第一次买卖已经成交，说明顾客对你已经很信任，再推销其他产品也就相对容易。你可以从以下几个方面调整自己，让自己的销售能力再上一个台阶：

第一，树立观念。特价品主要作用是连带销售，而不能作为销售主力。作为导购员，应该明白，特价品是不赚钱的，公司做特价的目的是增加人气。而且很多特价品都是有一点缺陷的，比如过时的款式，几年前的旧货等。所以尽管有特价品，导购要牢记的是销售店铺里面的利润款。

第二，切入时机。客户已经确认要购买，但是还没有完成付款交易，这个时候是进行连带销售的最佳时机。如果你在顾客没有建立成交信任之前，向顾客进行大量的推销，会让顾客感觉你急功近利。而当顾客自主购买一件产品后，你再做追加销售，顾客就会认为你是在帮助他获得更完美的服务，顾客购买你追加销售的产品，也是对他自己之前所做购买决定的认可。

第三，更多停留。顾客到店铺后，停留的时间越长对自己越有利，顾客确定购买后，不要急于开票送客，应该有意识地对他进行更多的宣导。一方面可以增加店铺人气，另一方面可以利用顾客对已选购商品的好感，借助爱屋及乌的心理，让他爱上其他产品。

第四，连带推荐。在终端，很多产品是有相关性的。比如他买了淋浴器，卫生间里面还有马桶、台盆、水龙头等，甚至还有附加产品，胶水等都可以成为我们推荐的对象。你可以说："卫生间里面的台盆有吗？我们这款也很好，你看看！"让顾客感觉你是为他考虑，也让客人乐于接受。

孙可毅：好的，感谢熊老师，我记住了，以后要向纵深发展，把每一个顾客做大，当然是单子做大，呵呵！

熊老师：其实在其他行业还有很多增加连带销售的技巧，也顺便给你讲讲，让你触类旁通，有所借鉴，如表4－7所示。

表4－7 连带销售技巧表

方法	说明
天女散花	当顾客购买完成后，我们可以向和顾客一起来的亲戚朋友进行推销。如果顾客一个人来，也可以借助临近的节日打动顾客，进行连带销售，如："先生，母亲节就要到了，要买一套给您的母亲吗？""先生，儿童节就要到了，您再买一套就可以得到我们的玩具小礼品，给孩子当礼物很不错！"很多人没有想到要给亲人买礼品，你的提醒或许会让顾客很感激，勾起他对家人的愧疚心理，从而无法拒绝购买你的产品
找零补缺	比如一件衣服是188元，你可以说："先生，再看看我们的棉袜吧，12元一双，共200元整。"或许顾客正好缺少一双袜子，找零钱对自己来说比较麻烦，对顾客来说也可能是麻烦，所以用消费的方式解决掉，大家皆大欢喜
配件销售	店内有相关配件时，是很好的销售机会。如休闲装一般配搭的包饰、皮带是现代年轻人的钟爱，也是凸显个性、标榜自我的最好道具，正装店铺里的皮夹、纽扣等都是很好的销售机会
促销时机	促销活动是促进连带销售最重要的诱因之一，及时地用兴奋异常的语气提醒客人"机不可失，失不再来"，让顾客感到多买一件是占一件的便宜。
新品上市	新品上市时，导购员要有意识地介绍给客人。很多快餐店推出一款新菜品时，一定会在收银的时候推荐给顾客，顾客看到诱人的图片，很有尝尝的欲望
经典搭配	追加介绍给顾客的商品，一定是你推销比较有把握的商品，对顾客是有好处的、有帮助的，否则，客户会把先选定的商品一并放弃。搭配组合最好是公司推出的经典搭配款式，最好是有画册或模特搭配的组合，给顾客推荐的时候会更容易，有图有真相。切忌随意搭配，为了附加销售而销售

案例二：运用连带销售技巧

D&P 集团品牌店的促销活动就几天，这个月的销量就看这几天了。一位中年女士来到店铺，毛小蒙热情接待。没过多久，女士看上了一件 580 元的马桶，在毛小蒙的热情介绍下，顾客很快决定购买。

毛小蒙很高兴，顺便又推荐了一组淋浴器给顾客，毛小蒙说："这件是更有个性的款式，感觉非常的新潮，适合您家的风格吧！"顾客看了看问："这套多少钱？"毛小蒙说："2980 元。"顾客沉思了一会，毛小蒙急忙说："这款跟刚刚的马桶不一样，是高科技材料，德国进口的铜芯，绝对超值。"

顾客听到"德国进口"，说道："那还不是给国家多缴税而已！"毛小蒙愣了一下，慢慢地说："不是的，德国的工艺是世界一流啊！"顾客说："算了，一流也就用几年。"

旁白：在销售过程中，毛小蒙有错误吗？好像没有，只是没有成功吧？熊老师会有什么独到见解和高论吗？

毛小蒙：熊老师，我这次做得对吗？

熊老师：从情形来看，你比孙可毅有连带销售意识，这很好。如果能调整以下几点，你的推荐会更有胜算，我的看法是：

第一，技巧运用不好。连带销售要应用顾客对已有产品产生的信任进行，你滔滔不绝地介绍，最后因言多而失去了机会。

第二，没有运用关联性。新推荐的款式和顾客购买的款式风格没有关联性，你讲的产品特质关联性让顾客诧异，导致销售失败。

毛小蒙：那么，做好连带销售需要注意哪些技巧呢？

熊老师：一般而言，我们需要做好以下几个方面：

第一，善于观察。通过细心观察，根据顾客需求为顾客进行消费设计，赢得顾客信赖。顾客喜欢什么样款式的产品，导购员必须通过细心的观察而获得，根据顾客的喜好推荐合适的产品才能让顾客容易接受。推荐顾客超出他认可的商品，连带销售的成功率会很低。

第二，投其所好。在顾客购买了一款产品后，我们可以推荐顾客购买同风格的不同款或是同一款的不同风格，有的人比较喜欢简约的生活方式，他们就喜欢这样购买商品，导购员要不失时机地抓住这样的机会进行销售。

第三，先高后低。导购员在推销时应该遵循先高后低的顺序，在第一次推荐的时候，尽量推荐顾客稍微高出他的消费水平的产品，对于这一点，导购根据前面的学习和观察是可以正确判断的，这样顾客就有了对比性；二次连带销售时，推荐价格稍微低一些的产品，更有利于顾客接受，她的心理感受是占了很大的便宜。

第四，留下钩子。如果不能在此次成交，也要留下钩子。在送客时，要有三方面的内容，第一是友好送客，可以说："先生，请慢走。"第二是埋下钩子，可以说："下周我们会上一批新款，而且大促销，欢迎您来看看，请慢走！"第三是加深印象，可以说："我叫毛小蒙，来找小蒙就可以啦！"这样的方式可以锁住任何一个销售机会。

毛小蒙：好的，感谢熊老师的讲解，我明白了！

熊老师：有一点我先提醒你，你的销售能力不断提升，越来越会说，同时话也越来越多，但有时候还是少说点好。特别是在做连带销售时，可以运用无声的力量，最好不要多说话，看着客户，让顾客自己思考并权衡抉择。要知道，这时候过多地介绍你推荐的产品有多好，反而会影响你的二次推销；他既然已经购买了第一件商品，就是认可了品牌、产品的品质、售后服务等，如果再过多介绍，难免会言多有失，可能会起到负面效果。所以要善于运用无声的力量，让顾客自己说服自己，这样你的销售能力又会上一个新的台阶的！

案例三：让顾客转介绍

D&P集团富森店导购庞欢业绩不仅特别突出，而且很稳定，无论是淡季还是旺季，都名列前茅；尤其是每次促销活动，她的顾客都蜂拥而至；不像其他店员的业绩忽上忽下，随季节性波动，靠“天”吃饭！于是，公司让庞欢分享个人的经验与心得。

在培训会上，庞欢也坦言她每次都会给老客户发短信，打电话，并时常以优惠促销为由，让他们带亲戚、朋友一同来光顾，很多转介绍的顾客也慢慢地成了她的忠实顾客。

在场的很多导购恍然大悟，啧啧称赞。会后，纷纷效仿庞欢，但是来店铺的顾客却寥寥无几。很多导购思前想后，不知道问题究竟出在哪里！

旁白：毛小蒙销售能力提升了很多，她认为转介绍非常重要，别人行我怎么就不行呢？

毛小蒙：熊老师，我仿效庞欢的做法，为什么不能得到实效呢？

熊老师：我们先分析庞欢的做法，庞欢的顾客之所以纷至沓来，必然和其构建的转介绍基础密不可分，而在没有这方面准备的情况下纷纷仿效，效果必然不尽如人意；另外，每个客户群都有一定的特性，而其他的导购没有根据顾客的特征设计促进方式，只是照搬照抄庞欢的方法，这样也必然会失败。

毛小蒙：那么，应该采取哪些措施，才能让顾客愿意转介绍呢？

熊老师：其实，很多优秀的导购员会做不会说，你问她为什么做得这么好，她说：“没什么，就是那么做的。”但是你去学，就是学不来，因为他们不会把自己做的事情进行步骤分解。很多时候就像吃糖，自己知道是甜味，但是你告诉我甜味是什么，谁也说不清楚。这就是我们经常说的俗语“茶壶里煮饺子，倒不出来”，我今天就当回诸葛亮，把庞欢的做法分解，你听听你做的是不是这样。

第一步，做好转介绍的基础工作。导购员应该根据自己的客户群，构建起转介绍的基础，具体方式如下：

（1）**做好转介绍的前提是产品的效果非常明显，**能给顾客带来实实在在的利益与好处，因为顾客不愿意冒着给周围的人带来利益损害的风险进行转介绍。

（2）**构建能转介绍的顾客群档案。**这样的客户群体一般有性格开朗，热心肠，喜欢结伴出行，喜欢炫耀自己买到的商品等特点。遇到这样的顾客，导购员应尽可能地将其喜好、消费周期、喜爱的品类、联系方式等信息详细记录在案。完善的档案管理要有更多的信息，而不只是一个电话和姓名。可以参考表 4－8 的方式，增加生日、消费记录、邮件、QQ 等内容。

表 4－8 客户记录表

DP 集团品牌店铺 VIP 客户记录表
说明：请用正楷填写，并在适当的□内打√号，请如实填写您的姓名、生日、E－MAIL 等信息，以保证我们能将每次活动的礼品准确发送到您的手中。D&P 集团将对您的个人信息进行保密处理，无须担心。带＊号的为必填项。
姓名：＊生日： 年 月 日 性别 婚姻状况：未婚□已婚□（结婚纪念日：____年____月____日，其他纪念日：____年____月____日，我们会送上意外惊喜。） 职业：＊手机：__________ ＊QQ __________ E－mail：＊邮编：__________ ＊ 通讯地址：__________
您喜欢的获取最新资讯的方式： □手机短信 □电子邮件 □电话 □书信 □QQ □其他
销售记录：

（3）**个性化短信维护。**服务要个性化，与众不同，可以定期用短信、电话、QQ 或微信等通信工具传递关于公司促销、各类产品介绍以及节假日温馨提示的信息，树立品牌价值与个人服务口碑。短信维护是一个非常重要的方法，但不要每次都发促销信息，这样会让人反感，短信信息可以分为以下几类进行，如表 4－9 所示。

表 4－9　短信类别表

类别	举例
周末问候	周末了，别太累了，也该歇歇了，D&P 品牌店铺祝您全家温馨幸福
节日问候	包括元旦、春节、元宵节、情人节、妇女节、国际劳动节、母亲节、父亲节、端午节、七夕节、中秋节、国庆节、圣诞节等
促销信息	好消息，D&P 品牌店秋冬款上市了，多件爆款呈现顾客疯抢之势，VIP 顾客双倍积分有好礼，更多惊喜敬请您光临
重大事件	神十飞天，举国欢庆，D&P 集团品牌店为庆祝这激动人心的历史时刻，举办特卖活动。请您于×年×月×日前来××专卖店，即可享受多重优惠

这样有理由，有关怀的信息，才不会让顾客反感，并且能维护好老客户。

（4）**善于倾听、沟通。**留意顾客以及其亲戚朋友购买产品后的反馈，包括是否有进一步的需求，产品是否存在瑕疵，喜爱程度等，为下一步转介绍沟通提供便利。

（5）**日常情感维护。**用情感“俘获”顾客，重在日常维护。比如通过即时通信工具保持联系，借用节假日赠送礼品或是发送祝福，以及平日里给些折扣优惠，以获得顾客持久的满足感、信任感。

第二步，邀请顾客转介绍。要求顾客转介绍也是有技巧的，有时候步骤不对方法不对效果就出不来。

（1）**取得顾客的信任。**顾客的信任是做好转介绍的基础，而信任度的获得又会随着行业不同而呈现差异，服装行业主要集中在售前、售中服务上，后续服务较少；而建材家居行业属于耐消品，特别是瓷砖后续的送货、切割等工作很多，服务到位才能更好地取得顾客的信任。

（2）**回顾服务历程。**顾客对导购有了一定的信任基础后，回顾自己的服务历程，加强顾客对你的认同。比如以瓷砖行业为例，可以说：“当初我给您计算瓷砖的数目多么精准，考虑得多么周全，后期服务送货、退货、补货也都考虑到了，我们品牌的产品质量上乘，服务也是有保障的……”

（3）**委婉邀请。**在以上基础上，邀请话术应尽可能表现产品的优越的价值与良好的服务，而不应围绕所能提供的折扣优惠。你可以这样说：“我们这么好的品牌与服务，绝不是通过广告宣传带来的，而是真正以顾客口碑推广的，您看看，最近有没有亲戚朋友要装修房子的，我们会像服务您一样，好好地服务他们！”

（4）**记录好顾客的信息**。顾客听完后，或许会客套或是沉默一会儿，此时，最好不要穷追不舍地发问，不妨热情、耐心地注视片刻，让其有意识地思索周围的人有没有相关的需求。如果顾客说出潜在顾客后，邀请他给出电话或是其他联系方式，并做好记录。

（5）**跟踪维护**。当顾客给出信息后，最好让顾客给他的亲戚朋友发个短信或是打个电话，说明情况，然后导购员再跟进。向对方表述时可以说："您朋友买了我们的产品特别满意，所以推荐给您，作为一个选择性的参考，今天我特意给您打个电话，希望您有时间能来我们品牌店看一看，选一选！”

第三步，永续经营的理念。要想让顾客不离不弃，为你服务，导购员要做到以下几点：

（1）**树立良好心态**。建立良好的心态是运用转介绍方法的第一步，在转介绍过程中，导购员难免会碰壁或是受挫，但是只要坚持不懈，时时向每位顾客宣传灌输，让他们知道你宣传商品的价值，当顾客的人脉关系有这方面的需求时，其自然会在第一时间里想起你。

（2）**赞美法**。借助顾客乐于助人的心理，赞美对方转介绍可以给身边的人带来很多方便与好处，这是一件“善事”，并说明经常帮助别人能给自己带来好的运气。

（3）**利益驱使**。可利用一些“小恩小惠”俘获顾客的心，比如会员卡积分，赠送促销礼品，给老客户一些折扣等；如果有顾客转介绍，不妨给顾客提供这样特殊的优待，让他们今后能主动帮助转介绍。

（4）**情感法**。每个人背后都有 250 个人的关系网，导购员也不例外，所以可先通过身边的人转介绍，比如亲戚、同学、老乡、同事等购买自己的产品，并让他们转介绍，这样以“自己为中心”的关系网逐步被打开，让顾客源源不断地前来购物。

毛小蒙：我的天啊，我以为只要跟买过产品的顾客说一声，介绍不介绍就是他的事情了，原来我做的不到十分之一啊！看来都是技术活！

熊老师：是啊，很多事情都不简单，人家做得好一定会有他的道理。我虽然没访谈庞欢，我想她做的只比这些多，不比这些少，因为智慧来源于民间，她一定还有很好的小妙招，不妨你再找她聊聊，你们之间相互学习，这样成长才更大啊！我这里刚好有一份《顾客档案信息表》，你当个模板，根据你的情况改一改，也会节省你不少时间的。

表 4－10　顾客档案信息表

<table>
<tr><td colspan="2">销售员</td><td colspan="2"></td><td colspan="2">填写日期</td><td></td></tr>
<tr><td colspan="2">顾客姓名</td><td></td><td>顾客电话</td><td></td><td>顾客预计消费金额</td><td></td></tr>
<tr><td colspan="2">电话来源</td><td></td><td colspan="2">喜好风格</td><td colspan="2"></td></tr>
<tr><td colspan="2">工作单位</td><td></td><td colspan="2">现场地址</td><td colspan="2"></td></tr>
<tr><td colspan="3">近期内是否开工：
（是）　（否）</td><td colspan="2">目前竞争对手</td><td colspan="2"></td></tr>
<tr><td colspan="3">1. 所在装修公司</td><td>设计师</td><td></td><td>队长</td><td></td></tr>
<tr><td colspan="3">所在顾客代表</td><td colspan="4">是否有老总参与：（是）　（否 ）</td></tr>
<tr><td colspan="3">2. 备选装修公司</td><td>设计师</td><td></td><td>队长</td><td></td></tr>
<tr><td colspan="3"></td><td colspan="4">是否有老总参与：（是）　（否）</td></tr>
<tr><td colspan="7">以上渠道关系是否建立（是）　（否）</td></tr>
<tr><td colspan="7">尚未建立的原因：</td></tr>
<tr><td rowspan="4">跟踪记录</td><td>时间</td><td>施工阶段</td><td>内容</td><td>方式</td><td colspan="2">效果</td></tr>
<tr><td></td><td></td><td></td><td></td><td colspan="2"></td></tr>
<tr><td></td><td></td><td></td><td></td><td colspan="2"></td></tr>
<tr><td></td><td></td><td></td><td></td><td colspan="2"></td></tr>
<tr><td rowspan="4">确定订货</td><td colspan="2">时间</td><td>送货时间</td><td>款项情况</td><td colspan="2">物流情况</td></tr>
<tr><td colspan="2"></td><td></td><td></td><td colspan="2"></td></tr>
<tr><td colspan="2"></td><td></td><td></td><td colspan="2"></td></tr>
<tr><td colspan="2"></td><td></td><td></td><td colspan="2"></td></tr>
<tr><td rowspan="4">售后跟踪记录</td><td>时间</td><td colspan="2">工作内容</td><td>顾客满意度</td><td>队长满意度</td><td>设计师满意度</td></tr>
<tr><td></td><td colspan="2"></td><td></td><td></td><td></td></tr>
<tr><td></td><td colspan="2"></td><td></td><td></td><td></td></tr>
<tr><td></td><td colspan="2"></td><td></td><td></td><td></td></tr>
</table>

毛小蒙：谢谢，我会的，感谢熊老师的分析讲解和馈赠。

后记：毛小蒙找到庞欢，庞欢又给毛小蒙讲述了几个服务客户的细节：

第一，以顾客为中心。服务顾客时要以顾客的需求为中心，让顾客得到无微不至的关怀。我们帮顾客买东西，不只是卖给顾客产品，只要顾客有需求，我们就能满足，我们店铺不能满足，我就动用商城其他店铺的力量也要满足。有人认为这是多此一举，亏大了。有句话是“帮别人就是帮自己”，所以要多帮顾客，顾客才愿意帮你，转介绍的事情都是要从头做起的。人有不同的层次，有些顾客就不是你的“菜”，你为何不与其他店铺共享呢？有一天他们也会把不适合他们的“菜”贡献给你的。

第二，提供超值服务。顾客是容易被感动的，我们品牌的服务在顾客看来一般，但是在我这里购买的顾客我都会让他觉得超值。

第三，团队通力合作。一个人努力是不够的，我们的销售很多是大单子，有时候要设计师帮忙，有时候要后台物流配合，总之多交朋友吧！公司内部的司机搞不好都会弄丢一个顾客。所以不能只考虑公司的规章制度要求，有时候多关心同事，他们一天要应对很多客户，你与同事沟通得好，他们对你的客户也会格外用心的。

第四，做顾客的顾问。争取成为顾客的私人顾问，他们家装修需要的东西都会咨询你，这样你就有不同于别人的优势了。所以，我们平时不了解的产品都要了解一下，甚至是泥瓦匠也要有几个熟悉的，顾客有需要就推荐给顾客。

第五章

Chapter 5

巧出奇招无不胜

一、促销活动招要奇

（一）促销活动如何创新

终端门店是大家争夺的重要战场，兵法有云，“凡战者，以正合，以奇胜”，要想在终端赢得战役，必须要懂得“兵出奇招，出奇制胜”，而这里的“奇”就是创新。店铺如何创新，如何做好客户服务的创新，让顾客愿意来店铺，愿意买东西，愿意宣传店铺，让顾客高兴而来，满意而归呢？

节日促销快开始了，商场里正在积极筹备大型的活动，D&P 集团瓷砖店店长张海英自鸣得意：我们店铺的地理位置好，往年节日促销都是最大的赢家。

谁料，促销当日，店铺却鲜有人问津，不远处的 YY 集团店铺除了有折扣促销活动外，还有抽奖领红包以及总裁签售活动，拿到总裁签售单可以当场抵用 200 元，人气相当高。

D&P 店铺还是传统的折扣促销，店长张海英捶着自己的头想，有什么好办法可以扳回这一局呢？

旁白：张海英也算是老江湖了，这次要栽跟头了，还是问问熊老师有什么招数吧！

张海英：熊老师，每年都这么做，都挺好的，今年对手花样百出，问题出在哪？我该怎么办？

熊老师：根据案例来看，你们店出现问题主要有以下原因：

第一，竞争意识不足。一场活动，一场促销是我们同竞争品牌的竞争，不是我们自己的事情。作为店长，到促销开始才知道竞争对手运用了哪些方法，这时已经晚了。这说明你没有竞争意识，也没有做好市场调查。

第二，没有创新能力。一次好的销售过程都需要店长进行精心的策划，将店铺的人、财、物都策划好，进行整体的创新激励，运用团队的力量，服务客户，吸引顾客，打击竞争对手。

张海英：熊老师，那您看我们要怎样创新才能扭转局势呢?

熊老师：根据情形来看，我们还可以从以下方面入手：

第一，树立意识。意识是非常重要的，没有意识就什么都不要做了，我们正是因为没有服务创新的意识，所以提供给顾客的都是商场运作的服务，这样就没有差异化，也就不能赢得顾客，当树立起创新的服务意识时，才能有其他的行动产生。

第二，设定对标。一个品牌一定有自己对应的竞争品牌，他们的实力和自己不相上下，每每有重要的活动，他们都会实施很好的政策，我们要做好充分的市场调查，他们做什么我们要了如指掌，这样在他们的基础上稍加改动，就可以对抗竞争对手。

第三，差异竞争。要想赢得顾客就要有差异化，差异化才能真正地赢得顾客，顾客到店铺来就是因为你与众不同，所以我们做事情、做销售一定要做得跟别人不一样，比如：别人是抽奖，我们可以摇奖；他们总裁签售，我们可以砸金蛋，就像李咏那样把奖品放在金蛋里让顾客砸。

第四，头脑风暴。在进行销售工作前，店铺人员可以进行集体头脑风暴，创造各种新奇的想法服务顾客，让我们店铺的服务更有特色，如：帮助顾客免费上门量房，做效果图等。

第五，跨行业借鉴。要想服务创新就要跨行业借鉴，借鉴别的行业做得优秀的企业，他们有很多经验可以为我们所用，比如：很多高端品牌请艺术团体表演节目，以此招揽人气，我们也可以借鉴。

总之，就是通过各种手段的运用，提高创新能力，提升服务顾客的能力，让顾客愿意来，愿意买。

张海英：好的，但是我还是打不开思路，你刚讲的这些都比较笼统，都是套路，具体怎么做呢？

熊老师：是的，思想变了行为才能变，套路也是有用的，它会引领你的方向。我再给你介绍几个我们操作过的其他品牌的创意促销活动案例作为参考，对你应该会有更大的启发。

（二）促销推广活动创意案例

促销推广活动创意之一：D&P 发现之旅

活动目的：

（1）避免单纯的价格促销，将价格促销与品牌建设、瓷砖产品知识的认识完美融合。

（2）阶段性地推广某一品类产品，形成消费者对 D&P 品牌某类产品的深刻印象，便于通过产品树立 D&P 瓷砖的品牌形象，提升 D&P 瓷砖品牌知名度和美誉度。

（3）促销活动与消费者产生互动，增强促销活动过程的趣味性。

活动主线：发现之旅发现什么？

（1）发现 D&P 品牌瓷砖的质量优势；

（2）发现 D&P 品牌瓷砖的技术优势；

（3）发现 D&P 品牌瓷砖的风格优势；

（4）发现 D&P 品牌瓷砖的效果优势。

活动时间安排如表 5 – 1 所示。

表 5 – 1　活动安排表

节日选择	推广主题	主推产品
3 月 15 日	发现之旅第一季	釉面砖
5 月 1 日	发现之旅第二季	仿古砖
10 月 1 日	发现之旅第三季	玻化砖
1 月 1 日	发现之旅第四季	水晶瓷

促销推广活动创意之二：D&P 瓷砖　世界好声音

活动目的：

（1）借助当前《中国好声音》比较热门的话题，容易引起关注；

（2）瓷砖被敲打的声音有好听的，也有难听的，消费者不一定知道，这个活动给消费者一个印象：D&P 砖的声音是好声音，是好砖；

（3）打破目前单一的价格促销方式，增加活动趣味性，简单、直观、能够突出行业一贯的规则，从而提升 D&P 品牌瓷砖的品牌地位。

活动主线：什么才是属于 D&P 的好声音

（1）门店展示告知顾客如何区别某一类瓷砖的好坏；

（2）道具的运用加强客户对 D&P 门店的印象，从而加以传播。

活动概要：

（1）增加与消费者的互动，加强给消费者的印象，增加选择瓷砖产品演示；

（2）活动促销可根据《中国好声音》的比赛时间设题目：与好声音同步，“D&P 瓷砖，世界好声音”产品××折。活动的方式如图 5－1 所示。

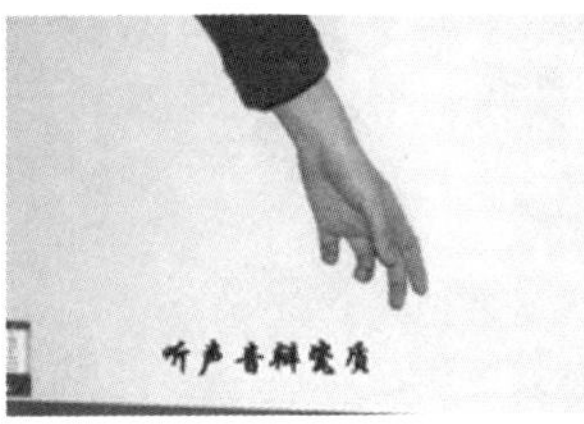

用手敲击瓷砖

瓷砖做的编钟

图 5－1　活动方式图

促销推广活动创意之三：同业联盟　冠军我行

活动目的：

（1）借助团队的力量，而不是个人的力量，使产品置身于同行业最高品类之列，以同品类的专业性，共同排挤竞争对手；

（2）同行业不同品类的联合可以实现顾客资源共享的目的。

活动主线：

（1）寻找与自己品牌档次相同的品牌，联合起来进行促销活动；

（2）设定统一的规则、售后服务标准和促销优惠标准；

（3）联合进行宣传推广，大家共同出费用进行大力度宣传。

某联盟品牌活动细节举例：某联盟品牌活动细节，如表5－2所示。

表5－2　某联盟品牌活动表

品牌	消费者获赠现金券消费门槛（元）	消费者兑现现金券消费门槛（元）	消费者购买冠军联盟任一品牌产品达指定金额，即可获赠其他5个品牌现金券（元）						
			欧派	大自然	东鹏	美的	红苹果	雷士	合计
欧派	10000	10000		1000	1000	500	500	150	3150
大自然	10000	10000	1000		1000	500	500	150	3150
东鹏	10000	10000	1000	1000		500	500	150	3150
美的	10000	购买指定产品	1000	1000	1000		500	150	3650
红苹果	5000	10000	1000	1000	1000	500		150	3650
雷士	1000	3000	1000	1000	1000	500	500		4000

从表5－2可以看出，联盟的品牌均为一线品牌，消费者只要购买其中任一品牌产品并达到一定额度，就可以获得其他5个品牌的消费现金券，这样每个品牌都把自己的竞争对手排除在外。

促销推广活动创意之四：异业联盟　我行你不行

活动目的：

建材家居行业内的品牌联盟较多，也比较容易模仿，尝试与其他非建材家居行业品牌进行合作，获得更多的市场机会。

活动说明：

（1）D&P品牌与中国银行等银行进行合作，比如使用中国银行信用卡卡，可以享受9.8折优惠；或者利用信用卡进行分期付款，消费者可以免息免手续费（费用D&P各自营店承担）；

（2）D&P品牌与保险公司进行合作，购置×金额的D&P品牌瓷砖，赠送相同金额的财产险或意外安全险或其他险种等。

其他行业品牌促销方式借鉴：

行业虽然不同，但是可以借鉴，促销就是要有创意，别人无法模仿才行。其他行业品牌促销方式范例，如图 5－2 所示。

钻石珠宝行业

美食行业借鉴

图 5－2　其他行业品牌促销方式示意图

（三）促销活动小妙招

熊老师：以上这些都是开阔思路的大规划、大策略。还有些小技巧、小妙招在产品促销时更加好用，可以起到出奇制胜的效果。

第一，主推二次加工。通过瓷砖的“二次加工”，把原大小 600×600 的瓷砖切割成为 300×600 或者其他型号的瓷砖。铺装时则大量使用菱形并搭配花色风格不同的腰线和花砖，以营造出一种后现代的整体风格；而另一种方式是在工艺上，烧制期间在第一层釉面上再加一层釉，以此让砖具备类似于镜面的视觉效果。

第二，利用逆反心理。在逆反心理的支配下，越禁止，公众越是想冲破戒律，偷吃“禁果”，这就是所谓的“禁果效应”。

香港有一家酒吧，门口放了一个巨型的酒桶，外面写着“不准偷看”四个醒目大字。许多过往行人感到十分好奇，偏偏要看个究竟，当人们刚靠近酒桶，便闻到了一股芳香清醇的酒味，近看可以看到桶底酒中隐现的“本店美酒与众不同，请君享用”的广告词。人们纷纷进店品尝，生意异常兴隆。

我们也可以借鉴效仿之，以增加宣传效果。

第三，艺术创新。很多吸引人观看的艺术形式很受大众欢迎，做得合适可以让人气倍增，不妨一试，东鹏瓷砖在某次活动中运用这样的方式，赚得盆满钵满，如图 5－3 所示。

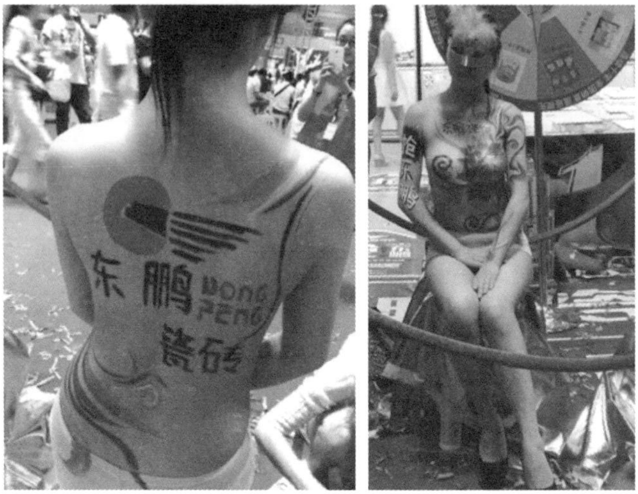

图 5－3　东鹏瓷砖艺术促销图

二、客户蓄水多管生

（一）蓄客常用方法

张海英：熊老师，往年客流量很大，今年，无论哪个品牌，客人都很少，这个问题不是一个创意促销活动就能解决的，你也帮忙分析分析，这种情况下怎么做才好。

熊老师：这就涉及促销活动的宣传和客户储存工作如何开展了，我简单谈谈我的看法。

蓄客是增加客流量非常重要但却不能马上见效的方式，需要在过程当中实时进行监控，并不断总结。同时，实施之前制定有效的奖励制度也是非常重要的。

现阶段最为常用的蓄客方法有：电话邀约、短信邀约、售卡邀约、网络邀约。

第一，电话邀约。电话邀约包括导购员利用自己已有的顾客资源，以及从小区物业等渠道得到的顾客资源，在促销活动前，分配任务进行电话邀约。

一般情况，接通电话后的20秒钟是至关重要的。你能把握住这20秒，你就有可能用最多一分钟的时间来进行有效开篇，这其中包括：介绍你和你的公司，说明打电话的原因，了解顾客的需求，说明为什么对方应该和你谈，或至少愿意听你说下去。

电话交流的内容要引起顾客的注意与兴趣。对于素不相识的人，一般人都不愿意继续谈话，随时会搁下话筒。你需要准备周密的脚本，通过你的语言、声音的魅力引起对方的注意。在彬彬有礼地问候后介绍你自己与你的公司，然后高度集中顾客的注意力与兴趣，通过解释致电目的与给顾客带来的价值，将顾客带入沟通下一阶段。

导购：张先生/女士您好！我是北京D&P品牌瓷砖的家居顾问，您可以叫我小张。是这样的，北京D&P品牌现在正在举办一场今年促销力度最大的活动，全场折扣低到5折，并有百万豪礼相送。如果你需要装修房子可以到朝阳区闽龙东路闽龙市场D&P品牌瓷砖店咨询，如有需要也可以打这个电话，我们活动的截止日期是2014年8月29日。请问您什么时候有时间来看看呢？

顾客：没空，很忙。

导购：没关系的，如果您家房子在近期装修，刚好我们有这样的活动，对您日后装修有非常大的帮助，您可以提前安排一下，来看看也很不错。因为这次的促销力度确实很大，错过就可惜了。待会我会把相关信息发到您手机上的，您可以看看。

第二，短信邀约。通过群发短信软件发送促销内容，短信内容要简洁、重点突出，活动时间和地点要写清楚。

第三，售卡邀约。导购在销售过程中，向顾客销售诚意卡、工厂直供卡等；在电话邀约时，也可以售卡；家装业务员还可以通过跑小区、扫楼盘售卡。

第四，网络邀约。网络促销宣传统一由公司投放，有意向的顾客则分配给导购进行跟踪，跟踪内容如表5－3所示。

表5－3 意向客户跟踪表

序号	销售员	顾客姓名	联系方式	身份证号	数量	日期
1						
2						
3						
4						

（二）促销前蓄客准备

熊老师：作为店长，你的责任更大，客户来得多不多，能不能成交，多数时候都跟团队有关系。而作为店长，在大促销来临前，团队准备工作是至关重要的，要想打硬仗就要有充分的准备。建议你在促销来临前按照以下四个方面进行准备，收效会更好，客源会更多。

1. 宣导活动内容

店长了解促销活动详情后，应尽快将活动内容及注意事项传达给导购，让导购在第一时间能够对促销活动有详细的了解。

通常采用座谈会的形式进行宣导，如图5－4所示。在宣导中主要说明活动亮点以及促销活动的产品卖点，保证导购能够准确快速地传达给客户，提高成交率。

图 5-4　座谈会示意图

2. 宣导促销话术

在活动当中，如何放大促销的卖点、吸引顾客快速成交，是比较重要的一环。因此，有必要进行促销话术的宣导，如表 5-4 所示。

表 5-4　促销话术宣导表

类别	关键词	解读要点	话术
促销活动“买砖送马桶”	省心、超值	1. 赠品品质好，技术含量高 2. 该赠品是畅销款，价格不菲	比如：D&P 品牌洁具是一线品牌，这次的赠品一直是我们的畅销款，边上就有我们 D&P 品牌洁具的门店，您可以看看是否货真价实
备注	凸显优惠力度之大，为顾客着想的出发点	情绪渲染，不应当忽略赠品的价值，应充分塑造赠品价值，导购在介绍时要充满自信	突出 D&P 品牌的品牌价值，强调赠品价值

3. 宣导人员分工

在促销活动前，做好店面人员分工，可多听取导购员的合理意见，并备好应急预案。结合促销活动的规模及时间点，如果需要发放宣传单页和活动内容的广泛告知，可选择临促进行协助。如果需要临促，从以下几个方面对临促进行一些管理。

（1）选择临促的标准：

有相关建材行业促销经验优先；

语言流畅、有亲和力、积极向上；

具有良好的沟通意识、服务意识和销售意识；

外形具有亲和力，无奇装异服、文身刺青等不良癖好。

（2）工作内容：

向所有进入建材市场（卖场）的顾客发放活动或产品宣传单页，宣传促销活动。

（3）工作时间和地点：

工作时间是周末两天或促销活动高峰期，在建材市场、活动现场50米外的地方进行发放。

（4）奖励措施：

通过底薪、引入客户数量及成交客户单数等确定其奖励形式，在招聘临促时明确说明。

（5）服装要求：

临促统一着装，服装前面印有D&P品牌LOGO，后面则是活动广告。

（6）其他注意事项：

对临促的监督是非常重要的，需要店长随时对临促的工作效果进行监督与反馈。

4. 宣导导购激励形式

店长要在促销活动前，将本次促销活动的激励形式完整、高调地传达给导购，让导购清楚地知道本次促销活动的激励细则。导购激励形式如表5-5、表5-6、表5-7、表5-8所示。

表 5－5　导购激励形式表

类别	形式	规范	适用范围	案例
按时间节点奖励	每日奖励	每日统计销售数据，通过每单单值进行活动的奖励	促销时间超过一个月的	20 周年，年终抄底等
	阶段性奖励	活动每过一段时间，统计销售数据，通过总的销售排名进行活动的奖励	促销时间在一个月内的	3.15 活动，联盟活动等
	活动完结奖励	整个促销活动结束之后，通过最终的销售排名进行活动的奖励	每次活动	每次活动
导购 PK 奖励	个人 PK	以个人为单位	导购人数不多且能力差距不大	红星美凯龙、居然之家等店中店
	团队 PK	以团体为单位	导购人数多	独立店面，或者中小店联合促销
	团队与个人 PK 相结合	个人和团体相结合	导购人数多，地区店面数量多	

表 5－6　个人交款奖励表

奖励标准	奖励金额	奖励发放时间
单户采购 5000 元以上	30 元/户	第二天早会发放
单户采购 10000 元以上	50 元/户	第二天早会发放
单户采购 20000 元以上	100 元/户	第二天早会发放
单户采购 50000 元以上	150 元/户	第二天早会发放
设立首单奖，在活动期间，每天第一个成单的奖励 20 元		

表 5－7　完成总结奖励表

按完成率排名	奖励金额	按成交排名	奖励金额	按客单排名	奖励金额
完成率≥120%	1500 元	成交额第一名	1500 元	客单量第一名	1500 元
120% ＞完成率≥100%	800 元	成交额第二名	800 元	客单量第二名	800 元
完成率＜100%	600 元	成交额第三名	600 元	客单量第三名	600 元

表 5－8　团队分组 PK 表

部门	队长	口号	基础目标（万元）	完成额（万元）	完成率
** D&P 品牌 A 队					
** D&P 品牌 B 队					

冠军团队奖励500元作为团队经费。在促销活动中，针对导购的激励不只是在物质上的，还要对其在士气上进行激励。

就以上内容来说，或许你会说：我只是一个店长，很多事做不了主啊！这就是你要提升的地方，作为店长，你是一个店铺的统帅，你要负责制定促销方法与规则，你没有动用资源的权力，但是你有争取资源的能力，可以向上提交，领导审批后执行，活动来临前就是动用人、财、物的时候，作为店长，应该有主心骨和独到的见解，才能在促销活动中立于不败之地。

三、电话网络显神通

（一）电话营销

店长张海英经过熊老师的指导，开始大刀阔斧地进行促销活动创新。由于活动量大，人员不够，张海英招聘了5名女大学生做临促，主要工作是电话促销。小姑娘们开始热情高涨，觉得自己声音甜美，只要好言相约就能邀请到顾客，谁知事与愿违，顾客一句话“我不需要”，然后无情地把电话挂掉了。5个人打了一上午电话，约到的都是老客户，打了200多个电话，邀请到7、8个客户，成功率不到5%，团队士气迅速下滑。店长张海英费劲找来的1600多个客户名单，按此情形，势必会产生以下局面：客户继续嚣张，临促基本跑光，计划基本泡汤。

旁白：可怜的张海英该怎么办啊？熊老师这次能不能雪中送炭，救救急呢？

张海英：熊老师，我根据您的建议，打算快速蓄客，但是没有想到是这个状况，可怎么办啊？

熊老师：情况我都知道了，切入点有两个：第一，快速地提升临促的技能，提高士气。第二，运用科学的流程步骤，不能像现在这样各自为政，任由每个人按自己的方式随意进行，这样如一盘散沙，一定会吃亏的。

张海英：那具体我应该怎么做呢？

熊老师：我认为可以这样操作：

第一，你先把庞欢和毛小蒙抽调出来，领导临促团队。庞欢活泼外向，销售能力强；毛小蒙虽然弱点，但是我给她讲过销售的三把神沙，你让她与大家进行经验分享，让临促们的抗挫能力增强，他们的技能在工作中会快速成长。队伍暂时让庞欢带领，同时让毛小蒙做帮手，从气势上会大有起色的。

第二，规范步骤流程。我建议：

首先，短信探路。在电话营销开始之前，针对所有消费者先发一遍品牌信息，起到预热效果，改善唐突地打电话给没有进行过任何接触的客户的现状，降低失败率。

其次，客户分类。电话沟通后会有两类客户：一类是马上可以上门的，非常感兴趣的；还有一类是潜在的感兴趣的客户。对于第一类客户，我们邀请他们参加活动；第二类客户作为储备客户。

接下来，针对筛选的高意向客户，群发一遍活动信息。消费者对电话内容记住得很少，发促销短信可以加深顾客印象。

最后，温馨提示。在顾客要上门前再发一条短信，内容包括天气、温度、乘车路线、时间等，以确保消费者能够准时到现场。

第三，话术提炼。电话促销的话术非常重要，我们现在没有不要紧，在每天打完电话后，让团队人员共同分享，总结精准有效的电话话术，我先给你们一个基础的话术。

基本邀约话术模板：

您好！××先生/女士，我是D&P品牌的客服小庞，很高兴与您通话。今天给您电话是想告诉您个好消息，本周，我们D&P品牌有个总裁签售的专项活动，价格十分优惠，您可以过来看看，不但能帮您更省钱，更保证让您满意。因为我们当天人会比较多，所以我先帮您作个预约登记，好安排我们的优秀设计师在门店接待您。您看您是上午过来还是下午过来啊？

好的，这样的话，我就安排我们的设计师在门店接待您，稍后我会把我们的门店地址和电话通过短信的形式发送给您。祝您工作愉快，再见！

为了熟练应对，任选两名电话营销人员，其中之一扮演客户，另一个人作为电话营销人员，现场模拟电话营销场景，邀约成功后再进行角色互换。在演练的过程中，植入可能发生的电话营销场景，确保演练的实战性与可操作性。

其他队员针对演练人的情况进行点评、总结、提炼，针对不好方面进行话术纠正，有效的话术保存升华，这样我们就能够拥有一套很成熟的话术和一个优秀的电话营销团队了。

第四，团队熔炼。电话销售是一种很有挫败感的工作，有再好的话术成功率也不高，所以，必须时刻关注团队人员的情绪变化并及时调整。这方面我就自告奋勇的帮你的忙，他们有任何问题都可以来找我咨询。同时，作为店长，你也要多给他们减压，让团队成员间互动沟通、互相鼓励，你作为领导要与成员多沟通，而不是只追问结果。也可以让成员偶尔调换工作岗位，把发短信的调到打电话，或发一会儿传单，这样可以避免一直在客户的打击中工作。

熊老师：你先按照我说的去做吧！遇到问题我们再不断调整。

张海英：谢谢熊老师，这样我的思路清晰了很多，我们一起努力。

熊老师：哦，对了，你让孙可毅找我一下，这个小子苹果手机玩得很好，我让他玩玩网络，试试把网络引流这块做起来。

张海英：好的，我让他来找你！

（二）网络营销方法

孙可毅：熊老师，找我有什么事情吗？听店长说您找我。

熊老师：是这样的，我对建材家居行业如何在互联网做营销推广写了点东西，我看你每天的状态像是个典型的“科技男”，对网络比较熟悉，但是也别光玩啊，要玩出点名堂来才好，我把我的理念方法告诉你，你帮助店长把网络推广这块做起来，也是大功一件。

孙可毅：好啊！我也正想挑战一下自己呢。

熊老师：好的，你来看看我这篇文章，然后开始网络推广工作吧。

网络飞速发展下的互联网营销

随着互联网时代的到来，依托互联网、新媒体而建立的品牌越来越多，网络对传统企业的冲击不可小视。上网人数迅速增加，覆盖的受众面越来越全面，网络营销的影响力也越来越大，以 Internet 为传播媒介的网络营销成为当今最热门的营销推广方式。传统企业如何在潮流中一直保持竞争优势，甚至更上一层楼，互联网成为传统企业保持竞争优势不可回避的因素。适应建材家居行业的网络营销工具，如图 5 –5 所示。

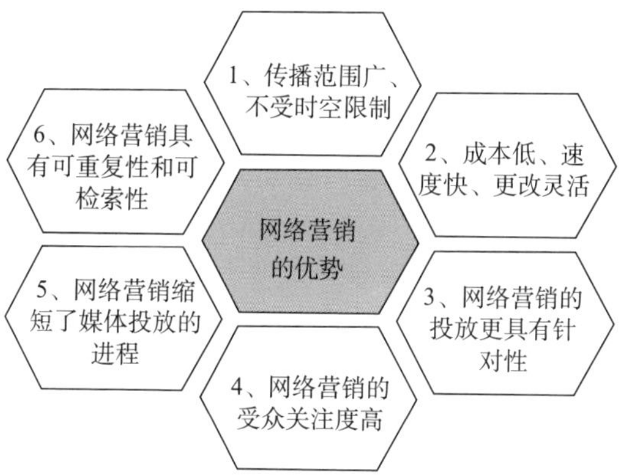

图 5 –5　适应建材家居行业的网络营销工具图

（一）搜索引擎（关键词）推广

搜索引擎推广是指利用搜索引擎、分类目录等具有在线检索信息功能的网络工具推广网站的方法。由于搜索引擎的基本形式可以分为网络蜘蛛形搜索引擎（简称搜索引擎）和基于人工分类目录的搜索引擎（简称分类目录），因此搜索引擎推广的形式也相应地有基于搜索引擎的方法和基于分类目录的方法，前者包括搜索引擎优化、关键词广告、竞价排名、固定排名、基于内容定位的广告等多种形式，而后者则主要是在分类目录合适的类别中进行网站登录。随着搜索引擎形式的进一步发展变化，也出现了其他一些形式的搜索引擎，不过大部分都是以这两种形式为基础。

百度目前可以根据不同地区独立收费，谷歌则需要经销商文案人员，根据搜索引擎的规则不断优化。利用百度文库、关键词在软文的使用频率，内容与热点的贴合度等手段，将D&P品牌的活动信息、新品信息，大量放置在网页上，从而达到广而告之的目的，间接拉动销售。

（二）网络广告

网络广告是常用的网络营销策略之一，在网络品牌、产品促销、网站推广等方面均有明显作用。网络广告的常见形式包括：BANNER广告、关键词广告、分类广告、赞助式广告、视频广告等。BANNER广告所依托的媒体是网页；关键词广告属于搜索引擎营销的一种形式；Email广告则是许可Email营销的一种，可见网络广告本身并不能独立存在，需要与各种网络工具相结合才能实现信息传递的功能；视频广告目前是最流行、最经济，同时也是最有效的广告方式，对顾客有强制推广的效果，且广告内容的针对性极强。因此可以认为，网络广告存在于各种网络营销工具中，只是具体的表现形式不同。将网络广告用户推广到网站，具有可选择网络媒体范围广、形式多样、适用性强、投放及时等优点，适合于新品发布初期及运营期的任何阶段。

（三）电子邮件推广

以电子邮件为主要的网站推广手段，常用的方法包括电子刊物、会员通讯、专业服务商的电子邮件广告等。

（四）小区 QQ 群

1. 群的选择：

根据收集的小区楼盘交房情况，提前进入 QQ 群进行推广。在推广前，需要了解小区的单价，房型，提前准备效果图和价格合适的产品。

2. 进群后的行动建议：

（1）看一个群的性质，如果是某公司或团队群就不要发广告，否则容易引起反感，也容易被群主踢出群。如果是行业交流群或是创业群，可以适当地发些广告。广告的选择也很重要，尽量发些简短且能吸引眼球的。

（2）观察群里人的发言，可参与聊天，注意体现个人综合素质，发言时切忌说过于偏激的语言，可以多赞美，也可发一些中立的语言。无论是探讨行业的话题还是生活的话题都可以参与，这样吸引志同道合的朋友主动加我们的 QQ，我们就能掌握主动权！

（3）观察群里人的发言，根据发言的内容判断、筛选潜在的人选，要找在群里面说话活跃，有公信力的人。

（4）看群里人的名称，通过网名、资料、姓名、性别判断、筛选潜在的人选。注意和群主及管理员搞好关系，否则很容易被踢出群。

（5）用群邮件的方式宣传，这样不容易被踢出群，并且你发的信息保存的时间也长。以业主的身份进入 QQ 群，介绍 D&P 品牌的好，切忌直接广告。

（6）可以利用群成员对版主或者群里活跃成员的信任度，组织团购活动，这样效果比较理想。

（五）微博推广

（1）先关注：先关注别人，才能引起别人的注意，别人才会关注你！

（2）再转播：多转播，多评论，别人才会看见你，才能了解你，才能关注你！

（3）刷热点：所谓热点就是一些实事的关键词，经常看看话题点。

(4) 发微博：要合理地利用你目前的听众帮你转播，那样你的听众会比你转播别人的来得更多。

(六) 微信推广

二维码发展至今，其商业用途越来越多，所以微信也就顺应潮流，结合 O2O 展开商业活动。

将含有 D&P 品牌促销信息的二维码图案置于微信中，只要有客户扫描 D&P 品牌的二维码，顾客就能轻松地了解 D&P 品牌的近期促销活动。

微信开放平台是微信 4.0 版本推出的新功能，应用开发者可通过微信开放接口接入第三方应用。还可以将应用的 LOGO 放入微信附件栏中，让微信用户方便地在会话中调用第三方应用，进行内容选择与分享。

微信在某种程度上可以说是强制了信息的曝光，前提是你先上了“贼船”。微信公众平台信息的到达率是 100%，还可以实现包括用户分组、地域控制在内的精准消息推送。这似乎正是经销商欢呼雀跃的地方：只需把精力花在更好的文案策划，而不是不厌其烦的推广运营上。因此，微信公众平台的粉丝质量要远远高于微博粉丝，只要控制好发送频次与发送的内容质量，一般情况下，用户不会反感，并有可能转化成忠诚的客户。

活体广告板微信中的功能插件“查看附近的人”，可以使更多陌生人看到这种强制性广告。那么，我们可以假设，如果经销商的销售人员在人流最旺盛的地方，在后台 24 小时运行微信，随着微信用户数量的上升，这个简单的签名栏也许会变成不错的移动广告位，让腾讯帮你打广告，貌似是一个不错的选择。

第六章

Chapter 6

学习交流快成长

赢在终端是营销的主旋律，而赢在终端的核心是“人”。对于一个经营者来说，终端店铺开张后，店铺的位置、产品都是固定的，只有人是灵活多变的，那么作为终端最重要的管理者——店长，用好每一个店员，发挥他们的最大潜能，提高店铺的整体业绩，这些是每个店长永远的修炼课题。

一、新员工如何快速成长

富森店店长张海英最近在整顿店铺风气，可是大家觉得她管理风格过于强悍，有两位员工“友好”地离开了。公司又招聘了两位新人李慧兰和汤普芳，张海英要求新人把公司下发的 7 本培训手册记清楚，以迅速提高自身的业务水平。两位新人怨声载道：我们又不是机器人，哪有那么好的记忆力啊。店铺里促销活动甚多，两位新人很快投入到工作当中。

这一天，公司督导到店铺视察，随机考问了新人对公司文化和产品知识的掌握情况，结果两位店员一无所知。督导以店长带教不利为由，给张海英开了 200 元的罚单。

张海英非常生气，对两位新人大发雷霆：“我让你们好好背诵公司下发的手册，你们都是小学没毕业吗？看不懂汉字吗？就算看不懂也应该来问我啊，这下我们店铺在全公司都出名了，这下你们开心了！”

李慧兰和汤普芳哑巴吃黄连，有苦说不出，差点哭出来，心想：店长怎么一点不顾及客观情况乱发脾气啊。二人也萌生了辞职的念头。

旁白：张海英也真够彪悍的，两位新店员还不知道有熊老师吧？当初毛小蒙就遇到同样的问题，都是熊老师帮忙解决的。赶快请教吧！

新人：熊老师，我们没有什么错啊，不能把人当机器用啊？

熊老师：作为新人，你们遇到了一位这样的店长，这是客观情况，我可以给你们分析她存在的问题，帮助你们理解：

首先，粗放式、放任式培训。将学习任务布置后就听之任之，单纯地认为自学就能取得良好的效果，没有尽到自己的监督和管理职责，这是不对的。

其次，培训不能仅靠学员的自觉，要有组织、有目标、有规划、有步骤地实施。指望新员工不懂了就问是不对的，应该是店长与管理者发现新人有困难，主动提供帮助才对。

最后，作为店长要起到带头、监督、管理的作用，让店员感受到你的帮助，这样既有利于学员的学习，又有利于团队的凝聚力建设。

新人：是啊，但是她什么都不做就让我们自己学习，我们新人应该怎样迅速地提高技能呢？

熊老师：要想取得好的培训效果，需要合理地安排、组织店员学习。你们两个可以与店长沟通，共同制定合理的学习计划，作为新人不懂、不会是正常的，但是抱怨、不积极工作就是不对的了。

提出学习目标：与店长沟通，说明学习的困难，包括公司这 7 本手册如何看、如何使用，依据个人的工作安排及理解力什么时候可以完成，与店长共同明确学习任务，遇到什么问题可以向谁寻求帮助等。

安排学习时间：让店长利用闲暇时间组织学习活动，如早上晨会或是晚上夕会，或是客人比较稀少的时候，在这段时间组织新人学习，帮助大家快速融入、快速成长。

创新学习形式：单纯地背诵培训手册比较枯燥、乏味，店长应采用“研讨式”的学习形式，活跃大家的学习氛围，让大家结合自己店铺的实际情况畅所欲言，各抒己见，引导新人将手册中的理论知识转换为实际工作的应用技巧，做到活学活用。

评估激励：跟店长商量看看有没有小激励措施，新人学习一段时间后，店长应该及时进行评估，并予以适当的奖惩。比如：三天进行一次问答比拼，成绩优异者有一定的物质奖励，对成绩不合格的，可以进行适度的惩罚，比如惩罚扫地一星期，请大家吃冰淇淋等，以此带动、活跃大家学习的兴趣。

将学习内容用于销售实践：理论知识与实践需要相互融合，在销售过程中，新人需要反复琢磨培训手册中的知识要点，如何才能使这些要点适合自己的说辞与风格，让顾客听着舒服并容易接受，这样自己才能快速成长。

也许你们会问：为什么要让我们理解店长，而不是店长直接安排我们学习呢？作为新人要想快速成长，就要有自己的想法，能够换位思考，充分发挥自己的积极性、主动性、能动性，只有这样你们的职场之路才能一路畅通，平步青云。

新人：好的，熊老师，我们一定不辜负您的教诲。

熊老师：如果你们认为我说得不好理解，可以请教毛小蒙，当初毛小蒙刚来店铺的时候，我就提醒和开导过她，你可以让毛小蒙给你们讲讲销售的“三把神沙”，相信会有更多收获。

二、怎样快速融入团队

随着房地产市场的紧缩，上游的建材生意也越显清淡，D&P 瓷砖店铺的销售业绩每况愈下。这一日，店长张海英为了提升士气，于是带领大家做早操、喊口号，让大家互相加油。新人想：我们进入传销公司了，加什么油啊，市场就这个样子，这都是表面工作。让喊就跟着喊吧，“加油，加油”，总觉得很别扭。

店长张海英看在眼里，急在心里，对新人大喊道：“你们几个新来的，能不能拿出点底气来，都没有吃早饭吗？李慧兰和汤普芳默不作声，店长海英也没有深究，但是两位新人感觉很难融入这样一个团队。

旁白：新人就是新人，有很多不适应，那么如何才能快速融入团队呢？

新人：熊老师，士气调动也不是用喊口号就可以的，我们觉得很别扭，您能帮帮我们吗？

熊老师：这个可以理解，毕竟你们不像老员工，已经理解公司文化，已经融入团队了。你们刚刚来到店铺，是一张白纸，更重要的是你们没有明确的目标，调动不起来工作的激情。你们要明确自己的目标：新人最重要的是每天都清楚地知道自己应该做什么，需要做到什么程度。否则，你就不知道什么是你真正想要的。喊不喊口号不重要，工作缺少方向才是最迫切的难题。心中有目标的员工，才能跟店铺找到切合点，才能快速融入团队。

新人：除了目标和计划，我们从情感上如何能够快速融入团队呢？

熊老师：新人是团队的一分子，只有快速融入团队，团队的氛围才能有效改善，作为新人应该做到以下几点：

第一，开放思想。开放思想是指打破自己固有的思维，你不接受不喜欢的东西是因为你没有打开你的思想，思想打开后，你就不会觉得不舒服，任何事情都有一个接受的过程，但是开放思想是关键的一步。

第二，自我成长。融入的过程就是自己快速成长的过程，跟上公司的发展节奏，快速地了解公司的文化、学习公司文化，才能融入集体，融入团队。

第三，寻找导师。在一个团体中，一定有与你趣味相投的人，也一定有人曾经遇到与你一样的困难，而后他们适应了，那么这些人就是你的导师。他们愿意帮助你，但是不会主动帮助你，需要你主动发现和寻找他们，请教他们，他们都会无私地给你指引的。

第四，上级沟通。也可以直接找到店长，直接提出你的困惑、问题和想法，让店长给你们一个解释。在这个时代，这不是什么大不了的事情，领导者都喜欢有想法又直截了当沟通的人。但与领导沟通要注意场合，不要在大庭广众之下让领导难堪。

新人：好的，感谢熊老师。

三、学会与老员工合作

店长张海英有一个分组 PK 的想法，让大家分组联合并 PK，以发挥更大的作用。店长分好了组，把李燕与毛小蒙分到一组，希望他们老少互补发挥威力。李燕是 70 后的老员工，销售技能虽然不错，但是思维老化，她一直摒弃不了 80 年代“站柜台”的思维模式，不愿意主动发单页、做服务等，这让毛小蒙非常着急。

眼看店铺就要做促销活动了，店铺上下人人都要以一敌三，毛小蒙因为李燕提心吊胆。让她熟记产品价格和货号，她就会抗议：“这还用背吗？到时候查价目表就可以了，货号那么长，我年纪大了，哪能记得住，你这样做，不是赶鸭子上架吗？我把货卖好就可以了。”对此，毛小蒙很无奈。如果李燕这样，PK 一定会失败，罚款乐捐还是小事情，毛小蒙是“储备干部”，干不好感觉很丢人。李燕的思维观念存在问题，毛小蒙束手无策。

旁白：对于这样的老员工、老油条，毛小蒙该怎么办呢？

毛小蒙：熊老师，李燕不愿意自我改变的原因有哪些呢？

熊老师：李燕不愿意改变自己，主要有以下几个方面的原因：

一是学习能力、记忆能力差，跟不上店铺的发展速度；

二是因循守旧，不思进取，缺乏积极、主动的精神；

三是生活稳定，没有压力，依仗自己的资历，随心所欲。

毛小蒙：我应该如何做才能让她转变观念呢？

熊老师：可以采用以下几种方式：

第一，行为影响，即用行动感染对方。老员工思维僵化，用简单的说教方式很难起作用，必须用实际行动感染对方，一个人或许很难被改变，但是很可能会被某些实际事例所感化。比如，把你维护的会员收益给她看，说明每次促销时，只要给会员打个电话，就会有老顾客来消费，久而久之，还和老顾客成了好朋友。

第二，责任担当。老店员比较消极、被动，或许是因为看不到机会，或者是他的诉求得不到满足，有时，可以让他担当要务，逼迫他进步。比如，比拼的过程需要员工快速成长，需要学习，让她带头做学习计划，她自己做的东西，当然不会抗拒、不执行了。在这过程中，让她自我监督，让她置身促销活动之中，当她看见别人忙得不亦乐乎、热火朝天时，就会自然而然地萌生起虚荣心、自信心，她会自发地熟记产品价格、货号以及相关的产品知识。

第三，尊为专家。人都有虚荣心、表现欲，我们可以投其所好，激发他们的求知欲。李燕资历老，我们可以充分地尊重她，视其为专家，从而让她自己逼迫自己提高，最终实至名归。比如开会时，把重要的问题留给这样的老员工，让其发表自己的见解，并给予肯定，同时指出还有哪些地方考虑不周，这样就会激发他们的上进心，久而久之他们就成了真正的专家。

毛小蒙：好的，感谢熊老师的精彩讲解。

四、怎样进行自我调节

一天早晨，汪洋面容憔悴、愁眉不展地到店铺上班。遇到店长张海英，她没有打招呼，因为她昨天跟男朋友吵架了，现在还沉浸其中无法自拔。

一个汪洋的老顾客到店里来，汪洋强打精神和他攀谈，得知顾客只是来转转时，她很不耐烦，给顾客倒了杯水，让顾客自己转转，她就到一旁看男朋友的微信是否有什么变化。

同事江蕙看见了她，便调侃道："干什么呢？玩陌陌钓帅哥呢？"汪洋气不打一处来，对着江蕙说："你个小妖精，天天自己不正经，就以为别人和你一样，看你那德行，不知道哪个帅哥瞎了眼会看上你。"

张海英听到他们的对话，走过来训斥道："不认真接待顾客，上班期间玩起了手机，还要不要工作了？”江蕙生气地回道：“我还不知道找谁发火呢，看我好欺负，不就开个玩笑吗？一个个都是变态！”

张海英非常生气：“你们都想不想干了，不想干走人，我们这里是工作的地方，不是你们闲聊扯皮的地方。”汪洋一时无法接受，情绪失控大哭起来。店铺外的行人纷纷侧目绕道而行。

旁白：人的情绪是千变万化的，今天吵架，明天丢东西，后天被客户训斥，这类事情哪天也不会断啊，像汪洋和江蕙这样的新人该如何是好啊？

汪洋：熊老师，我虽然尽力控制自己的情绪了，但是我真的是无法控制，该怎么办呢？

熊老师：你是尽力控制了，但还没有尽心，要知道这样的行为是很不对的，对店铺的影响相当恶劣。

其一，情绪失控影响正常店面销售工作，太不应该了。

其二，应该主动找店长说明你的情况，而自己擅自不接待顾客，又与同事发生口角导致矛盾激化，对日后的同事关系、店铺关系都有很坏影响。

汪洋：那么，应该如何促进员工情绪的自我调节，而不影响店铺的销售工作呢？

熊老师：任何人都应该学会进行自我情绪调节，不然，所有的压力都放在自己身上，这样是不能干好工作的。作为导购，更要具有自我“疗伤”的能力，具体推荐以下三种方法：

其一，自我释放情绪。因生活或工作的问题，情绪压抑太久得不到释放，肯定会影响人际关系，我们可以参加释放压力与情绪的活动。比如K歌等。情绪不好，释放是核心，下面我给大家提供一些情绪自我释放的小妙招，如表6－1所示。

表 6－1 情绪自我释放小妙招

小妙招	说明	备注
打扫卫生	当有情绪不好时就打扫卫生，把店面里的每样物品都擦拭一遍，擦完后情绪还没有好就再擦一遍，直到好了为止	这些方法可以根据店员的实际情况安排使用，这都是经过无数人验证的很好的小方法
数钱	可以向店长借 10000 元，不停地数，随着金钱的气息，手的颤抖，毛主席头像的翻滚，脑海里不断地想象挣钱的快感及拥有的幸福，烦恼会随风而去	
撕纸	拿来一份报纸或宣传页（非本品牌），随意撕，撕成一条条的小块，随着报纸被撕裂的声音，看着自己一块块、一条条的成果，也把自己的烦恼撕得七零八落，不复存在了	
聊天	不找本店的人聊天，找竞争品牌的导购聊天，最好是男的就找女的，女的就找男的，这样会有奇效	
跑客户	到客户的家里看看情况、帮帮忙，当然是客户正在施工的家里，看看工人是不是把我们的瓷砖安装得很好，装修进度怎么样等。路途的颠簸以及施工现场工人辛勤劳作的身影，应该会让你感受到自己还是很幸福的	

其二，找人倾诉。寻找周围有爱的人，他们的安慰与鼓励，会使你快速走出阴影、重振士气。学会向他人倾诉，让自己压抑已久的情绪或心结宣泄出来。

其三，运动缓解。比如，在每天营业之前，可以做体操、跑步等，这样不但可以缓解情绪压力，还能构建和谐工作气氛。

当然，作为店长，张海英没有发现你们情绪的变化也是不对的，如果未来你做了店长，一定不要犯这样的错误，店长应该是店铺负面情绪的“调节者”，店长工作时应注意以下几个方面：

第一，留意观察店铺人员情绪与团队的情绪变化，一旦发现员工因个人的问题有负面情绪，要及时地疏导。

第二，凝聚店面的正面情绪。作为一线管理者，店铺人员情绪好坏将直接影响店铺销量，所以要随时保持微笑与激情，同时以赞美、鼓励的方式，带动团队成员的积极性，通过正面的情绪感染员工，而不是训斥与对立。

第三，形成情绪互动，可以定期组织店员参加集体的活动，消除员工之间的隔阂，比如户外旅游、唱歌、聚餐、团队交流分享会等，帮助大家建立友谊，增进互信。

汪洋：好的，感谢熊老师的开导，我相信我会摆脱情绪的控制，成为一个优秀合格的导购，并积极地向优秀的管理者迈进的。

五、帮助别人成长自己

经过熊老师的指导，张海英把理论培训搞得红红火火，可是理论学习比较容易，但实践中还有很多问题，需要不断进行指导，店铺日常工作多而繁杂，要带教指导新人张海英分身乏术。为了减轻自己的压力，张海英将带教新人的工作都交给毛小蒙负责。

张海英认为毛小蒙知识经验都不错，带教几个新人是没有问题的。何况本科毕业的她经过店铺实习和熊老师的指导，应该会把事情做好。

然而，毛小蒙领到任务后愤愤不平地想："我辛辛苦苦积攒的经验，就这样白白地教给他们了，等到他们学成出师，还要跟我分业绩、分提成，不是得不偿失！"于是，毛小蒙阳奉阴违，只安排新人打扫卫生、整理仓库等琐碎的事情。

张海英发现毛小蒙没有认真带教新人，便指责她说："你怎么不好好带教啊？"毛小蒙反驳道："我刚来的时候，也是做这些事情，多做做就会了。"张海英语重心长地说："你要手把手地教他们啊！不然他们怎么会呢？"毛小蒙说："我让他们做事情，有了问题再问我，这样比较有效果啊！但是他们都不问，我有什么办法呢？"张海英无言以对，虽然知道毛小蒙消极怠工也无可奈何。

张海英：熊老师，毛小蒙是什么想法，为什么不愿意帮助新人呢，当初她也是新人啊？您帮我开导她，好吗？

熊老师：好的，我跟她聊聊。

熊老师：毛小蒙啊，有什么原因呢，自己有能力要学会分享啊？

毛小蒙：熊老师，您虽然教我很多，但是我自己是被"散养"出来的，我觉得新人应该有自觉的学习能力，再说我也不知如何传授技能。

熊老师：呵呵，不只是这些吧？应该还有你的态度问题吧？“教会一个徒弟，饿死一个师傅”的想法你也有吧？你想“徒弟学有所成”后，势必抢自己生意，所以就不愿意诚心实意地传授知识和技能，对吗？

毛小蒙：这个……当然也有那么一点点……

熊老师：小蒙啊！思想还需要转变啊，技能是越分享越多的，越保留就越少啊！你要是想有大的发展，就要有传授技能的本事啊！你能包容多少人，你就能领导多少人。当领导的从来不怕别人超过自己，只有当下属的才保留自己的技能，你不是要当大领导吗？我给你几条建议：

第一，转变现有观念。很多时候，恐惧、疑虑来自看不见的希望、见不到的利益，认为将知识、技能传授给别人后，自己就培养了一个敌人，认为这是“养虎为患”。其实不然，店铺的销售业绩靠的是团队的力量，而不是靠单打独斗式的个人英雄主义，需要的是整个团队的凝聚力与战斗力。所以，你应该明白店铺生意的好坏取决于每个团队成员的能力，团队成员之间是唇齿相依的关系；另外，大家都在一个屋檐下，抬头不见低头见，相遇本是一种缘分，今天你帮助他，明天他也许会回报你，正所谓：“帮人就是帮自己”，所以需要大家有分享与感恩的精神。

第二，申请激励。你可以与店长说：让我带可以，但我不能白白付出，应该给我点奖金吧，奖金没有是不是年底给我申请个优秀员工啊？有激励才有动力。如果没有物质奖励，可以让店长写文章发表在公司的相关媒体上，予以精神奖励。费力不讨好的事情是没有人愿意做的，所以奖励机制是刺激人慷慨“解囊”的有力武器。

第三，让新人自己主动。带新人时，要告诉新员工如何配合你的工作，让他在工作中“多看，多做，多问”，经历的事情多了，才能发现自己的不足之处，以便“师傅”有针对性地给予指导。同时，要让新人对你有点小小的崇拜感和敬重的感觉，这是对知识的尊重，因为你提供的技巧，也是多次实践应用的结果。

第四，监督带教制度。师傅和徒弟应该在相互沟通的基础上，由店长制定一个带教时间进度表，让徒弟和师傅都有清晰的目标，同时也便于店长进行监督管理。比如每周一学习产品知识，周二学习陈列，周三学习库存管理，周四熟记产品的价格等。很多公司或是店面没有带教制度，作为带教的“师傅”，如果能够提出这样的管理模式，可以推动公司和店铺的管理变革，而这样的人一定会得到公司的重用。

我给你一个带教新人用的表格，如表 6－2 所示，你可以提交给公司，公司一定会大加赞赏你的。

表 6－2　新人带教工作评估表

<table>
<tr><th colspan="5">基础资料信息</th></tr>
<tr><th>姓名</th><th>入职时间</th><th>带教周期</th><th>带教师傅</th><th>监督评估</th></tr>
<tr><td>×××</td><td>×月×日</td><td>30 天（四周）</td><td>毛小蒙</td><td>张海英</td></tr>
<tr><th colspan="5">具体带教内容</th></tr>
<tr><th>带教内容</th><th>时间</th><th>新人自评</th><th>师傅评分</th><th>备注</th></tr>
<tr><td>公司文化</td><td></td><td></td><td></td><td></td></tr>
<tr><td>产品知识</td><td></td><td></td><td></td><td></td></tr>
<tr><td>产品陈列</td><td></td><td></td><td></td><td></td></tr>
<tr><td>售后服务</td><td></td><td></td><td></td><td></td></tr>
<tr><td>销售技巧</td><td></td><td></td><td></td><td></td></tr>
<tr><td>库存管理</td><td></td><td></td><td></td><td></td></tr>
<tr><td>VIP 管理</td><td></td><td></td><td></td><td></td></tr>
<tr><td>……</td><td></td><td></td><td></td><td></td></tr>
<tr><td colspan="5">新人优缺点分析
优点：
缺点：</td></tr>
<tr><td colspan="5">带教师傅综合评价：</td></tr>
<tr><td colspan="5">监督评估人评价：</td></tr>
</table>

注：此表评估作为新人转正的重要依据

毛小蒙：谢谢熊老师的再次提携。

第七章

Chapter 7

化解问题享太平

年年岁岁店相似，岁岁年年事不同，店铺里人来人往，总是有不同的事情需要解决，谁能够帮助店铺成员渡过难关呢？这是需要我们考虑的问题，这一章我们一起分享如何才能化解问题享太平。

一、用头脑风暴快速成长

头脑风暴是一种解决问题的方法，正所谓“三个臭皮匠，赛过诸葛亮”，每个人的智慧和潜力都是无穷的，但是如何有效地激发呢？怎么样才能把大家的智慧聚集起来，发挥团队的最大力量呢？这个方面，我想没有比头脑风暴更适合的了。

D&P 品牌店铺店长张海英参加了项目组组织的头脑风暴会议，觉得操作头脑风暴很简单，大家畅所欲言，最后把每个人的想法都收集整理即可解决问题。于是张海英也如法炮制，在月度会议上用此方法研讨销售提升事宜，希望大家能够各抒己见，让店铺的业绩翻番。

然而，头脑风暴会议现场几度失控。导购员毛小蒙刚提出一个想法，李燕就说：“我干了这么多年的导购了，你提的想法我们以前试过无数遍，都没有成功。”庞欢提出一个方法，财务主任也当仁不让：“你说的方法费用太高，谁来负责？”张海英只好说：“都不要吵了，让你们来研讨的，不是让你们来吵架，都想好了再说。”

张海英说完话之后，全场鸦雀无声了。没人敢说话，大家尴尬地你看看我，我看看你。张海英见状只好说：“要不今天我们就先讨论到这里，改天我们再继续，你们回去都好好想想。”

旁白：这个张海英啊，怎么会把这么简单的讨论方式，弄得无法控制呢？还是向熊老师取取经吧！

张海英：熊老师，我看您主持的时候很简单啊，怎么我实施起来就不行呢？

熊老师：看起来容易做起来难啊！你失败的原因主要有以下几点：

第一，没有充分准备。头脑风暴从参与者的角度看似很简单，但从组织者角度出发却并不容易，需要进行充分的准备，才能有的放矢，把握与控制头脑风暴进程。

第二，没有拟定规则。在没有进行规则设置的情况下，全体人员无序发言，最终导致场面失控。

第三，没有角色分工。明确的角色分工可以让与会人员各司其职，根据自己的角色要求化解可能遇到的每一个问题。

第四，缺乏过程控制。对于头脑风暴会议过程中发生的状况没有预警机制，在现场失控情况下无法挽回局面。

张海英：那么，您认为该如何操作呢？

熊老师：充分认知头脑风暴组织成功的要点，为有效地开展头脑风暴打下基础。

第一，追求数量。头脑风暴强调数量而不是质量，头脑风暴会议的目标是获得尽可能多的设想，追求数量是它的首要任务。参加会议的每个人都要抓紧时间多思考，多提设想。至于设想的质量问题，可留到会后解决，所以你控制质量的做法触犯了这条原则。

第二，自由畅谈。头脑风暴鼓励荒谬牵强的主意，让大家自由畅谈，同时也鼓励对主意加以发挥，让大家的想法串联起来，更深入地挖掘一切可能性。而当与会成员互相打压时，如果主持人不知道应该怎么做，没有创造出畅所欲言的环境，就会导致会议失败。

第三，延迟评判。在头脑风暴会议现场禁止批评，同时不做任何评价，更无须判断，一切评价和判断都等到会议结束以后才能进行。现场各个与会成员如果互相攻击批判，就违背了这条原则，失败也就是必然的了。

张海英：哦，原来是这样的，那么我要想有效控制过程该怎样操作呢？

熊老师：好的，我告诉你控制头脑风暴会议过程的关键点，下次你就不会再犯这样的错误了。

第一，要创建开放的环境。组织者不该给参加者任何条条框框的限制，应让其放松思想，从不同角度，不同层次，不同方位，大胆地展开想象，尽可能地标新立异，与众不同，提出独创性的想法。

第二，要进行明确的分工。现场最好有四种角色，分别是主持人、记录员、专家和参与者。

主持人的作用是在头脑风暴畅谈会开始时，说明讨论的议题和纪律，在会议进程中启发引导，掌握进程。如：通报会议进展情况，归纳某些发言的核心内容，活跃会场气氛，鼓励提出意见和讨论等。

记录员记录与会者的所有设想，最好写在黑板等醒目处，让与会者都能看清。记录员也应随时提出自己的设想，切忌持旁观态度。

专家角色的作用有两个：一是澄清问题；二是回答问题，补充材料。对会议过程中出现的专业问题及行业信息等给予专业方向指导，同时做部分材料补充。

参与者主要作用是尽量提出主意，并通过发问，更深入地探讨问题。

第三，确定形式。一般头脑风暴会议的形式有两种，一种是非结构化的，一种是结构化的。在非结构化头脑风暴会议上，每个人任意地说出想法，然后把所有的想法一起记录在白板上；结构化头脑风暴会议情况下，参与者轮流说出自己的想法，想法被逐一记录在白板上。这两种形式各有优缺点，如表7-1所示。

表7-1 结构化与非结构化头脑风暴的优缺点

两种头脑风暴形式	优点	缺点
非结构化头脑风暴	见解自然未经雕琢 易在他人的基础上发挥 鼓励创造性 节奏快	难以主持 外向型成员易占主导地位 当成员不思考而立刻发表见解时易迷失方向
结构化头脑风暴	不宜让某个人主导整个过程 强迫性地参与 容易主持 允许成员考虑	难以等到一个人的轮次 慢节奏 不易在他人的基础上再发挥

第四，要设定时间。会议时间由主持人掌握，不宜在会前定死。一般来说，以几十分钟为宜，时间太短与会者难以畅所欲言，太长则容易产生疲劳感，影响会议效果。经验表明，创造性较强的设想一般会在会议开始10～15分钟后逐渐产生。会议时间最好安排在30～45分钟。倘若需要更长时间，就应把议题分解成几个小问题，分别进行专题讨论。

以上是头脑风暴的标准流程，会对你有帮助，但是你可能会说：我们店铺人很少，没有这么复杂。那没有关系，学习就是为明天做准备的，谁也不会一辈子就在这店铺啊！当然，为了方便使用，我给大家一个减缩版的流程。

第一步，宣布纪律要求：让大家都知道可以畅所欲言，但不要打压别人。

第二步，分工明确：有主持人、有记录人就可以了，而且主持人最好不是店长，因为职位原因，很可能会打压大家的积极性，店长可以作为专家角色进行纠偏。

第三步，整理所有的想法，最后由大家投票选择，店长拍板决策。

运用这样的步骤，你可以再试试，效果一定不一样。

张海英：谢谢熊老师，我这次一定会做好的。

后记：

张海英带领大家重新进行头脑风暴，归纳整理出《店铺营业力提升13条》，虽然凌乱，但都是实战，只要做到一定有效果，如表7－2所示。

表7－2　店铺营业力提升13条

序号	提升方向	费用	难易
1	在门店前面投放广告牌引流客户	☆☆☆	☆
2	设置连续性的促销活动，增加客户黏性		☆☆☆
3	对设计师群体进行定期维护，并分派到每个导购	☆	☆
4	对店铺外立面进行定期大清洗，让店铺焕然一新	☆	☆
5	建议公司将店内半年没有销量的样板间拆除，重新装修	☆☆☆	☆☆☆
6	对店铺内部的破损样品进行更新并对各种标签宣传品进行整理更新		☆

续表

序号	提升方向	费用	难易
7	在店铺内的空白区域，设置员工文化专区，增加文化氛围，构建店铺的专业服务形象	☆	☆
8	加强纪律管理，不迟到，不早退，卫生打扫要彻底。保持良好的店铺形象和人员形象		☆
9	向公司申请更多的宣传物料，并在建材城周边、小区、主要路口进行散发投放		☆
10	启动客户见证计划，凡是销售出去的产品，必须跟踪拍摄照片，作为销售的有利证据		☆☆
11	进行为期30天的大练兵，全体员工必须重新温习公司制度、产品知识手册等，笔试及现场考试分数达到80分以上方为合格		☆
12	对每单售后服务进行追踪，跟公司的物流和售后人员搞好关系，每个导购员分头负责		☆
13	为了与众不同，店铺从经费中挤出一部分，购买水果、糖果、小零食等，以吸引更多顾客。	☆	☆

二、处理好与上级的关系

作为一位负责的导购，会有很多自主的想法，有自己要成就的事业。而这些“高大上”的想法，要想有效施展，就必须有上级的鼎力支持，否则一切也只能是梦幻泡影。那么，作为一位优秀的员工，要如何才能获得上级的支持呢？本节我们来谈谈这一话题。

案例一：处理好与上级的工作关系

在D&P品牌富森店，张海英经过整顿治理，提交了一份《店铺店面提升管理办法》，得到了上级的认可和老板的首肯，并大赞张海英说：“以后店里的事情由你全权负责，要做什么推广，要用什么人，都可以自己决定！”

店长张海英想，如果我的店员都能像我这样思考问题，我工作就轻松了，而且管理水平也会更上一层楼。于是，她要求店员们各抒己见，写一份如何提升店铺业绩的报告，也效仿老板说："放心，只要建议合理有用，我会大力支持你们的。"

毛小蒙提出了自己的想法，毛小蒙说："我打算把我们的一面空白墙做成 80 后的文化墙，以此增加店铺的活力，便于提升服务质量。"店长张海英很高兴地说："我拨给你 1200 元经费，你全权负责，把这件事情用销售工作以外的时间做好。"

毛小蒙听了店长的话感动不已。忙前忙后，把店面的 80 后文化墙做了起来。材料费、人工费、照片费用等花了 1000 元，还有 200 元的结余。毛小蒙想：做文化墙店员们也没少帮忙，孙可毅有时候陪我加班到很晚，剩下的钱给大家每人买了一个新潮水杯，也是店铺内的风景，不也是文化建设的一部分吗？一切都办好后，毛小蒙找店长签字核销费用。

然而，费用核销的时候，毛小蒙拿着 1200 元的发票找店长签字。店长看材料费用里有水杯一项，不知怎么回事。毛小蒙说明情况后，店长却不认账："我给你的钱是你个人的吗？想怎么花就怎么花，这水杯钱要么你自己出，要么每个人平摊！"毛小蒙心想：店长怎么出尔反尔，当初不是说好让我做主的吗？现在却不认账了！这让毛小蒙愤怒不已。

旁白：店长似乎是翻脸不认人，当初说好的让小蒙做主，现在怎么又不行了呢？毛小蒙真的有什么错误吗？看看熊老师是怎么帮助她的吧！

毛小蒙：熊老师，我哪儿做错了呢？"伴君如伴虎"，店长是最翻脸无情的，店长有病吧，要么就是店长没有权力还乱授权。

熊老师：不要犯小孩子脾气，我们一起分析你的问题。

首先，你的角色定位有误。店长虽然授权你建设文化墙，但实际上，你还是店长的一名工作人员，涉及财务上的事情，自己就不能擅自做主。即使授权给你，但她并不会放弃知情权和监督权，所以你的头脑在任何时候都要保持清醒。

其次，越俎代庖。上级最看重的是财权与人事权，她将门店的“经济大权”与“人员的生杀大权”牢牢掌控在手中，即使上级再信任你，甚至许下口头承诺，也要先报告，再执行，而不是自作主张。

最后，有收买人心的嫌疑。虽然只是十几个人的小团队，你也要知道领导是谁，她可以用店铺的钱做“激励”大家的事情，而你不能，别说用店面的钱不能，就是自己掏钱也会让人感觉不好。

毛小蒙：那么，我应该如何给自己定位，以免引起不必要的麻烦?

熊老师：我先从下属的三重定位开始说起，让大家来找好自己的定位，从而了却后顾之忧。

第一，服务定位。下属永远是服务角色，对上服务上级，对下服务员工，对外服务客户。其中，服务上级是第一位的，任何服务工作若有悖于上级的意思肯定是行不通的，也是无法开展的。

第二，管理定位。在管理过程中，负责职责范围内的事情，与工作无关的事项，不要随意介入。如果是上级额外分派的任务，又与本店实际利益相关，应认真负责；而对于自己的新想法、新策略，在执行前一定要取得上级的认可才可以，不能越俎代庖。

第三，价值定位。很多上级比较看重事情的结果与价值，即使上级对于你的一些问题颇有微词，只要你的业绩拔尖，你在上级的心目中仍占据着独一无二的位置。比如案例中店长对于你自作主张颇为不满，但是对于你的积极表现，和文化墙想法的贡献来说，没有太大的影响，只要上级气消过后，你再做一次深入沟通，也就能够化解了，不必深究其中的问题。

然后我们看看如何才能做一名优秀的下属。

第一，了解上级。身为下属，要了解上级的背景、工作习惯、管理方式以及好恶等，只有真正了解了，才能够选择最佳的方式，与上级交流沟通工作中遇到的一切问题，并能谈得投机，获得上级的赏识。取得上级信任，你才能游刃有余地做事情。

第二，跟上店长的节奏。老板一般都是现学现卖，由于他们接触的圈子广，知识也丰富，而店长受老板的熏陶也不断学习。店长张海英积极主动的一面赢得了老板的信任，作为下属的你应该紧随其后，抓紧学习，在工作的过程中多与上级沟通请教，这样才能跟上领导的节拍，让自己时刻成为上级最青睐的人。

第三，向上级汇报。作为下属要与上级保持有效沟通，要经常性地向上级汇报工作，通过汇报工作掌握上级的想法。如有重要的节点应该请上级指导，或是提前向上级汇报自己的想法，并说明需要其哪方面的协作，这样无论何时上级都知道你的工作进展，并会随时支持你的工作。

第四，管理上级。作为一名优秀的下属，应该在紧跟上级步伐的同时，也要进行有效的上级管理，让上级在不知不觉中接受你的想法，认同你的做法，这些需要一定的技巧和本领。要在长期的工作磨炼过程中才能找到捷径。

关于上下级的事情数不胜数，我讲一个小故事为大家引路，让你对上下级的事情有一个可以窥视的门径。

一个主妇对新来的女佣人说："如果你不介意，我就叫你阿莲，这是以前那个女佣的名字，我不喜欢改变我的习惯。"女佣人答道："我很喜欢这个习惯，这么说来，如果你不介意，我就叫你马先生，因为这是我以前的主人。"

和谐的关系来自于上级对下级的尊重，而尊重来自于下级对上级的一点小小智慧。

案例二：处理好与上级的私人关系

曾经有一位导购叫李丹，为人亲和、年轻、办事情稳重，个人业绩也很好。店长对李丹颇为喜欢，有时店长会邀请李丹去她家吃饭。李丹觉得可以借此机会，拉近与上级的私人关系，于是欣然接受了邀请。一来二去，李丹和店长的关系也就很熟了，店长也不把李丹当外人。

有一次，店长有急事，无法接小孩回家。刚好李丹休息，就让李丹帮忙去接，李丹认为关系不错就帮忙接了。后来店长又找李丹帮她取照片，而李丹当天要参加朋友的婚礼，无奈之下，只好先去取照片，可是等她赶到朋友的婚礼现场时，宴席早已散去。李丹心烦意乱，暗自抱怨道："在你家里吃了几餐饭，就成你家保姆了，我是做销售的，又不是给你做家庭保姆的！"但是无论如何，李丹也不好摆脱被"重用"的困境。

旁白：如果你是李丹，你会如何摆脱这样的困境？

熊老师：李丹为什么会陷入这样的困境？

首先，李丹没有把握好与上级间的关系尺度。原本想拉近彼此的私人关系，没想到自己却陷入对方的生活琐事中不能自拔，虽然表面上被上级"器重"，实则沦为了"无偿劳动力"。

其次，不善于拒绝。上级要求办理的私事不可全盘接受，不当的话，理应拒绝，但是为了维持人际关系，以免给今后的工作带来负面的影响，拒绝的时候一定要注意技巧方法。

在民营企业，你会发现处理好与上级的私人关系，也是一个重要的课题，我建议大家注意以下几点技巧：

第一，善于领会上级的意图。有时，上级为了缓和与下属的矛盾，或是维系长期的合作关系，会私下里邀请下属吃饭、旅游或是给予一定的犒赏。下属一定要明白，这是建立在"共赢"基础之上的，此时，如果不明究竟，或认为理所应当，那么，人际关系必将岌岌可危。

第二，保持适当的距离。俗话说，“距离产生美”。身为上级，需要有一定的权威性与严肃性，店员应该考虑上级的身份，与其保持适当距离，不要与上级达到亲密无间的程度，尤其是异性上级，更要把握好分寸，以免造成公私不分的情况。当与上级就某些事情发生分歧时，要进行充分的沟通。

第三，维护正常的关系。身为一名员工，无不希望与上级保持紧密的关系，但又不希望其他的员工比自己走得更近，有时为了达到目的，会耍各种伎俩与手段。这是一种不健康的心态，即使春风得意，也难以服众。

我借用“打工皇帝”唐骏的“圆心理论”，说明如何保持与上司的正常关系。可以将自己视为“圆心”，周围的领导或是下属都必须处在圆心的周围，与周围的人保持等距，一旦有人逾越了这个距离，就要懂得拒绝，让其回归到原位。

第四，学会委婉拒绝。身为下属，当上级邀请你办理一些私事或是提出个人要求时，如果碍于面子，勉强答应，很可能就会像案例中的李丹一样，陷入上级生活琐事中不能自拔，沦为了无偿的“保姆”，同时又会给同事留下“溜须拍马”的嫌疑。但是，若断然拒绝，可能会影响双方的关系，此时，不妨以委婉的方式加以谢绝，这样也可以给上级台阶下，比如案例中的李丹，可以以家中有急事要办加以拒绝，并表示歉意。

总之与上级相处不是技术，而是艺术，至于谁能把这个艺术品打造到什么程度，那就要看每个人的本事了。

不过这里有段关于老板的话还是值得我们分享和深思的，顺便呈现给大家，与君共勉。

老板一定没有错

老板绝对不会有错

如果发现老板有错，一定是我看错

如果我没有看错，一定是因为我的错，才让老板犯错

如果是老板的错，只要他不认错，他就没有错
如果老板不认错，我还坚持他有错，那就是我的错
总之老板绝对不会有错，这句话绝对不会错

三、会做事更要会宣讲

富森店庞欢的个人销售业绩季度排名同品类第一名，被评为富森建材城的优秀员工，并代表员工在富森建材城季度会议上发言。庞欢很发愁，她从来没有在超过十个人的地方发言，自己店面会议也就7、8个店里的兄弟姐妹参加，也都是交流的形式，而现在要在成百上千人的大会上发言，她紧张得全身都发颤。推又推不掉，不知道如何是好。庞欢也不知道应该讲什么，业绩做得好就是服务好顾客及店铺伙伴的帮忙和支持，讲得不好会让公司和自己的店铺丢人。庞欢左右为难，困惑不已。

旁白：这件事情有什么为难的，熊老师是专门做培训工作的，请教一下不就可以了。

庞欢：熊老师，我真不想参加这样的会议，但不参加又不行，您看怎么办呢？

熊老师：这事情你是躲不过的，躲过这次还有下一次，谁让你这么优秀呢？这件事情根本不用躲，有我在，这是很容易完成的事情，不必担心。

有句著名格言："权力等于你传授别人知识的能力"。作为一名优秀员工必须具备这样的能力，才能在未来有更大的成就，一定要具备给员工传授知识的技能，员工才能信服，才能有团队的凝聚力和执行力。而作为销售出身的你，业绩突出，但是对于培训、宣讲等一窍不通就很难再有大的发展了，所以趁着这次的机会，把这一课补上，你未来的前途不可限

量啊！

庞欢：谢谢熊老师，那您就把您的绝招都教给我吧！过几天我就要上台演讲了，我怕得很，怎么办呢？

熊老师：我先帮你分析紧张的原因。

害怕心理：害怕的心理产生后，会有很多害怕的东西，如怕忘词、怕不能控场、怕别人嘲笑自己、怕自己讲不好丢人。

自然反应：身体有自然的反应，是控制不住的，这些是必然产生的东西。

没有经验：人对自己不了解的事情，总是有种莫名的恐惧感，而有时候也是没有充分的准备引起的。

我介绍给你我自己克服恐惧心理的五种方法，相信对你一定有帮助，可以在一定程度上缓解紧张的心理。

第一，瞒天过海法。其实只有你自己知道你紧张，你不说是没有人知道的。而有些伙伴上台就讲“不好意思，我有一点紧张，有讲得不好的地方请大家原谅”，何必自己暴露自己呢？当然，你紧张的时候，手里不要拿着讲稿或是水杯一类的东西，不然手一发抖别人就看见了。除此之外，大会场的讲台距离观众比较远，没有人能发现你紧张，你何必在意呢？

第二，焦点转移法。无论会场里有多少人，只要你不看他们，就只有你自己而已。那你有什么紧张的呢？你今天演讲的目的不是让所有人满意，而是把自己准备的观点说出来而已；同时，你还可以选择看着会场上支持你、比较友善的人，跟他们进行眼神和语言的交流，这样可以转移自己的紧张情绪。

第三，自我确认法。你自己一定要坚信：我今天要讲的内容是我的层面最好的，是我独有的，并且一定对大家有帮助，不然领导也不会让我讲，我就是这么做的，就是这么理解的，这就是我的观点，谁也不要反驳我。当你对自己要讲的内容无限认可的时候，你的信心也就加强了，如果给幼儿园的小朋友上一加一等于二的课程，你会紧张吗？当然不会了。

第四，千锤百炼法。有人说这些我都试过了，不管用，无论怎样我都会紧张，那我再教你一个保证能行的方法，还很简单，就一个字“练”。上台演讲是一项技能，要多练习才能掌握，找到一对多的表达机会就进行练习，一定能得到很好的效果。

第五，追求紧张法。有人说：我躲还来不及呢？你还让我追求，这不是闲扯吗？我说紧张是好事，任何事物的存在都有它的好处，当你上台不紧张的时候，你的职业生涯也就该结束了。我们刚开始谈恋爱的时候，很紧张，碰一下手都激动得不得了。结婚以后呢？还激动吗？就成了七年之痒了。真正讲课的人，面临学员时无法产生激动兴奋的感觉，那他讲的内容一定平淡无奇。适度的紧张感可以促进血液循环，使我们的思维敏捷。只要不紧张到痉挛、晕倒都是正常的，没有什么问题。

所以，最高的境界是喜欢上紧张感，没有紧张感是很悲哀的事情，勇往直前吧！

庞欢：克服了这个问题，我也不知道该说点什么啊？

熊老师：这就是演讲稿的准备工作，我给你再讲讲这个。

俗话说：“思路对了头，一步一层楼；思路不对头，步步栽跟头。”所以，思路对了才可以。就一个大型的汇报演说来讲，构建演说的思路必须根据情况和自己掌握的材料准备内容。我从以下几个方面进行阐述：

第一，选择针对性的主题。

在演说分享之前，要先确定演说的主题。主题要有针对性，既要与听众的水平相适应，也要符合自己的知识储备。作为一名店长，你讲的东西不能超出店铺运营和管理的范畴，因为超出这个范畴就不是你的专长，内心就会发虚，听众也不爱听，所以核心的主题一定是跟店铺的销售业绩有关的，不如就以你头脑风暴后的内容为主，这样选题就省略了。

第二，分析听众的准备。

当要站在讲台发表演讲的时候，一定要知道听众是谁，要了解会方让你发言的目的是什么，包括听众听讲的目的，听众可能的了解程度及其所持的态度，观众的文化背景等。只有知己知彼，才能百战不殆，只有对对方的情况了解得越多，才越容易掌控演说现场。

对听众了解以后，才能相应地设计与听众相关的内容和表达方式。合适的表达方式才能让听众听得明白，这样才能收到好的效果。我想如果听众是店长和商场的中高层管理者，你的表达方式一定能够产生共鸣的。

第三，演说过程调动。

对演说的听众有了把握之后，就需要对演说的目的进行分析。演说的时候，主要考虑以下几个方面的内容：

◇ 如何提高听众的兴趣？

◇ 给听众传达什么样的内容和信息？

◇ 如何在演说的过程中进行激励？

◇ 如何使用一定的技巧说服听众？

第四，了解会场的准备。

对演说会场的大小、座位布局要事先了解，以防止临场时突然发现与预期相差很大，那样对演说的情绪会产生非常大的影响。在演说开始之前，应先试用一下话筒，对话筒的扩音效果有所了解，甚至讲台的高低，也需要事先大体看一下。这样可以做到有备无患，从容应对。

第五，心理情绪的准备。

心理情绪的准备也非常必要，自己对演说有信心，则自己就会全力以赴；如果自己对演说没有信心，则只能尽力而为，两种不同的心态当然会让演说产生不同的结果。

按照我说的方法和步骤去准备吧！相信你一定会成功的。

庞欢：好的，谢谢熊老师，这下我有信心了，做好后再给您汇报我的成绩。

第八章

Chapter 8

练好绝艺待时飞

一、如此召开晨会才精彩

张海英很高兴自己能把店铺治理得井井有条，于是安排好一切后，她开始休年假了，店长由庞欢代任。

这一天，督导抽查晨会情况，来到红星店。以前，庞欢每天只是参加晨会而已，当她主持晨会时，大脑一片空白。庞欢战战兢兢地憋出一句话：“大家汇报一下到昨天为止的工作完成情况。”汇报完后，庞欢说：“大家努力工作吧！”让大家跟踪手头上的事，然后就散会了。

会后督导找到庞欢说：“你觉得今天开的晨会达到你开会的目的了吗？”庞欢有点发愣，她知道这位督导以前在保险公司工作，对晨会颇有研究。庞欢心想：行业不同，也不能拿保险的那套来要求我们啊！于是用请教的口吻说：“我对这个也没有什么经验，您能给我一些好的建议吗？”督导听庞欢这么一问，有点生气地说：“现在是我问你有什么方法把晨会开得更好更有效，你反而来考我了，这样吧！给你三天时间，三天后我再来检查你的晨会，这也是你成长的一次机会，到时候我再给你提建议也不迟。”说完就走了。庞欢呆呆地站在哪里，心想我只是代管几天，这么大的事情我哪会啊！不知道该如何是好。

旁白：这督导是找茬呢，还是因为店长不在，想考验她的手下呢？

庞欢： 熊老师，我觉得我做的没有什么不好，不就是要销售吗，销售情况说一说，然后大家开始工作，简单、直接、有效。何况业绩是摆在那里的，我能怎么样，督导是找茬吧？

熊老师： 话也不能这么说，督导的角色就是唱黑脸的，他对你心慈面软，什么都不说才是对你的不负责任。这是你成长的一个机会，下次你开个更好的晨会把他震住，让他看看你虽然是代管店面的人，但也不是吃素的。他就会对你另眼相看的。

首先，你主持的晨会过于简单和单调，看起来是按公司制度办事情，没有什么不妥，但是通过这个晨会，看不到店长的能力。

其次，如果长期这样开晨会，大家都会疲倦而且没有新的收获和成长。领导就要为员工负责，如果在你带领期间，员工没有任何的成长，那是你最大的悲哀啊！

庞欢：那么，我应该如何才能把晨会开好呢？

熊老师：我们先了解一下好的晨会能起到哪些作用。

晨会原则：晨会是回顾昨日工作、布置当天的任务、激励员工士气以及调整员工状态的平台。

晨会内容：目标的调整与设定、生意回顾、今日工作安排与分工协作、学习产品知识、交流销售技巧等。

交流平台：员工遇到问题时，大家可以在晨会上帮助他解决问题，解决员工的问题就是解决店铺的问题，解决公司的问题。

培训基地：晨会是每天每人学习分享的平台，提高员工技能的基地，通过优秀的经验交流与分享，让大家快速地学习成长。

执行纽带：晨会是公司命令的传达平台，公司的要求、店铺的制度能够有效地执行到位，关键看晨会的宣贯和传达。

庞欢：哦，原来如此，督导就是想让晨会也能达到这样的目的，但是具体怎么办呢？

熊老师：我个人总结了开晨会七大关键环节，相信能够帮助大家开一个有效且精彩的晨会。具体步骤如表 8－1 所示：

表 8－1　晨会步骤表

序号	项目	内容	备注	主持人员
第一、	点名考勤	考勤依据	团队意识	店员轮流担当，可以起到锻炼员工的作用。
第二、	晨歌晨操	司歌/运动操/唱歌	步步高、向前冲	
第三、	制度宣讲	公司制度、文件传达、促销信息、假日安排、公司其他重大事项通知等内容	构建执行力	

续表

序号	项目	内容	备注	主持人员
第四、	新闻要闻	行业最新动态信息	打造竞争力	
第五、	今日安排	对未处理问题即时安排 安排今日工作，明确目标	数字化管理 结果为导向	
第六、	知识分享	活动内容、改动政策、公司政策、主卖产品推介词	强化训练	
第七、	礼仪训练	全面检查员工状态	站、走、坐等训练	

开晨会示意图，如图 8－1 所示。

图 8－1　晨会示意图

根据表 8－1 所示，我对这七大步骤进行具体说明：

第一步，点名考勤。点名考勤不仅仅是一个形式，更重要的是让大家有时间观念和团队精神，如果哪位在开晨会时没有到场，一定要给予处罚，同时在会议上公开说明，起到统一调度和震慑不良作风的作用。

第二步，晨歌晨操。很多公司有自己的“司歌”，在晨会时一定要唱起来，以增加员工对公司和品牌的认同感和归属感。如果没有那就一定要跳晨操，因为运动可以带动身体，身体可以带动气势，气势可以催生业绩，所以跳晨操对店员来说百利而无一害。这样的歌曲很多，可以网上下载，比如《抓钱舞》、《步步高》、《感恩的心》等，如图 8－2 所示。

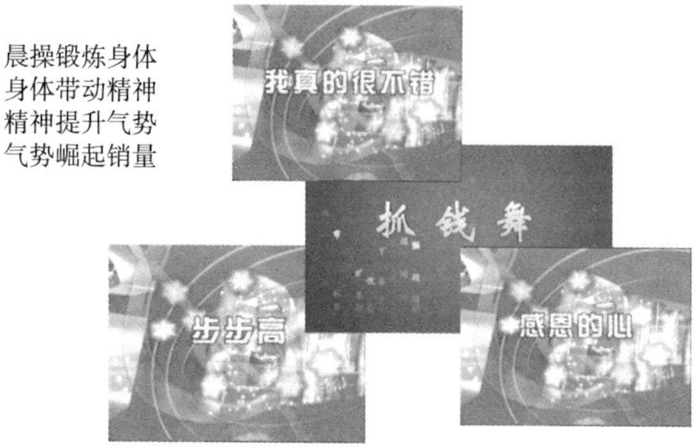

图 8－2 晨操歌曲示意图

第三步，制度宣导。公司一些重大的决策，必须及时地传递到店铺，让每个人都知晓。有时候公司颁发了几个月的政策，店铺都不知道，这就是晨会缺少环节，店长缺少意识产生的。这个环节能够保证店铺的行动步伐始终与公司前进方向一致，所以是不可或缺的。

第四步，新闻要闻。这个环节很少有公司设置，其实十分重要，在晨会中加入行业的最新动态信息，近期发生的重大事件，既可以提升店员对晨会的兴趣，同时也为店员与客户交流提供了有效的话题，能够产生事半功倍的效果。这些信息来自于行业的权威网站，就建材家居行业来说，搜狐家居网、齐家网、我爱我家网有很多这方面的信

图 8－3 新闻来源示意图

息，如图 8－3 所示。

第五步，今日安排。今日安排要从“数字”开始，一切都用数字说话，到现在为止店铺销售完成多少，还差多少？进店人数多少，成交率是多少？如表 8－2 所示。不要用空对空的口头说辞，真正的要做到一切以数字说话。

表 8－2　今日安排量化表

目标	数字化
销售任务	本月的目标任务是多少？到现在为止完成多少？还差多少？
进店人数	本月每天的过店数是多少？进店率是多少？成交率是多少？
产品销售	产品销售排行？哪款产品畅销？哪些产品滞销？
成交人员	哪位员工业绩销售多少？谁成交的最多？谁还没有开单？

所有的数据都清楚以后，自然就知道该怎么做，该做什么了，安排工作就是顺理成章的事情。

第六步，知识分享。知识分享是晨会的重要环节，是提升员工技能的关键，将优秀员工的销售技巧分享给每位成员，实现整体技能的提升。这个环节十分灵活，如果没有工作技能分享，可以分享书籍、故事，甚至笑话等，因为笑话也可以锻炼员工的幽默感，便于与客户的交流沟通。员工有笑容，最根本的不是一定要露出八颗牙齿，而是要锻炼包容心，要有容人之量，没有容人之心的人是笑不出来的，笑出来也是很假的，为什么呢？大家可能听说过这两句话，但是你或许不知道这两句话的“小秘密”，那就是“笑者能容，容者能笑”。

第七步，礼仪检查。最后，我们互相检查礼仪，让每个人都在最佳状态下投入工作。当然，如果有时间还可以进行礼仪训练，让店铺人员的整体素质不断提高。礼仪互查如表 8－3 所示。

表 8－3　店铺导购仪容检查表

日期：________月 ________日

<table>
<tr><th colspan="3">类型</th><th>导购 A</th><th>导购 B</th><th>导购 C</th><th>导购 D</th><th>导购 E</th><th>导购 F</th><th>导购 G</th></tr>
<tr><td rowspan="7">仪容</td><td colspan="2">发型</td><td></td><td></td><td></td><td></td><td></td><td></td><td></td></tr>
<tr><td rowspan="6">面部</td><td>眼睛</td><td></td><td></td><td></td><td></td><td></td><td></td><td></td></tr>
<tr><td>妆容</td><td></td><td></td><td></td><td></td><td></td><td></td><td></td></tr>
<tr><td>耳朵</td><td></td><td></td><td></td><td></td><td></td><td></td><td></td></tr>
<tr><td>鼻子</td><td></td><td></td><td></td><td></td><td></td><td></td><td></td></tr>
<tr><td>嘴巴</td><td></td><td></td><td></td><td></td><td></td><td></td><td></td></tr>
<tr><td>脖子</td><td></td><td></td><td></td><td></td><td></td><td></td><td></td></tr>
<tr><td rowspan="4">仪表</td><td rowspan="2">手部</td><td>指甲</td><td></td><td></td><td></td><td></td><td></td><td></td><td></td></tr>
<tr><td>首饰</td><td></td><td></td><td></td><td></td><td></td><td></td><td></td></tr>
<tr><td colspan="2">制服</td><td></td><td></td><td></td><td></td><td></td><td></td><td></td></tr>
<tr><td colspan="2">鞋子</td><td></td><td></td><td></td><td></td><td></td><td></td><td></td></tr>
</table>

注：此表亦可作为店长考核店员日常行为的检查表。

晨会如果能把握好这些关键环节，就一定是精彩且有效果的。

庞欢：这下可好了，我不用怕了，就按照这个来，无可挑剔。

熊老师：既然聊到了晨会，就顺便也说一下“夕会”吧！有人说都忙了一天了，还开什么夕会，早早收拾回家吧，明天还要开晨会，不是多此一举吗？

其实不然，夕会有夕会的特殊用途。

第一，总结成功与失败：今天销售非常成功，为什么会成功，今天有一单生意失败了，失败的原因在哪里，是产品没有介绍清楚，还是顾客对我们店员的某些行为不满意，这些事情是拖不得的，拖到明天就什么都不记得了。

第二，纠正员工错误。开晨会的时候主要是鼓励大家，言语以积极向上的精神宣导为主，而夕会却要针对某些店员的不足之处予以批评指正，这是最好的时机，受到批评的员工都会深刻反省自己，最主要的是不会影响当下的工作，假如在晨会上他被批评，他一天都不会有心情工作的。

夕会主要内容如表 8-4 所示。

表 8-4　夕会内容表

<table>
<tr><th>序号</th><th>项目</th><th>内容</th><th>备注</th><th>参与人员</th><th>主持人员</th></tr>
<tr><td>1</td><td>点名</td><td>考勤依据</td><td>迟到早退</td><td rowspan="3">导购、业务员、客服、物流、驻店设计师、收银、其他</td><td rowspan="3">店员轮值</td></tr>
<tr><td>2</td><td>总结成绩</td><td>对未处理问题即时安排
安排今日工作，明确目标</td><td>包括量房、设计方案、铺贴指导、送货安排、销售任务、顾客邀约</td></tr>
<tr><td>3</td><td>交流经验</td><td>谈单技巧、产品推介</td><td>各人根据当天工作心得，分享技巧与经验</td></tr>
</table>

晨夕会是管理店铺的有效手段，是个人提升的有效平台。在晨夕会上，店长可以组织、命令、要求与引领员工行为和思想，员工可以在晨夕会学习知识、探讨问题、提升自我，周而复始，通过日积月累的沉淀，每个人都会面目一新，让其他店铺的人惊呼："士别三日，当刮目相看"。

庞欢：好的，感谢熊老师的教诲，我会努力的。

二、做高效执行的好员工

第二天，店面召开晨会，庞欢邀请熊老师参加并指导，在点名、跳早操、宣读公司的制度要闻后，进入知识分享环节。庞欢想，熊老师既然在场，不能让团队放过学习的机会，于是她说：今天我们讨论一个话题，就是一个团队如何才具备高效的执行力。讨论分享每个人都要发言，首先请熊老师给我们讲一讲他对执行力的高论。

庞欢：熊老师，我最近在学习关于执行力的知识，但是没有什么头绪，还是您先给大家讲一讲吧？

熊老师：执行力的核心起源于西点军校，西点军校学生回答长官问题，只能说四句话："是，长官！""不是，长官！""我不知道，长官！""我没有任何借口，长官！"

这样的回答教育士兵，无论在任何情况下都要承担责任、寻找方法，而不是找借口逃避。正因为如此，西点军校成了世界上最优秀的“商学院”。

美国西点军校成立于1802年，200多年以来，它培养出2位美国总统，4位五星上将，3700多名将军。据统计，第二次世界大战之后，在全球500强中，从美国西点军校毕业的做董事长的人有1000多位，副董事长有2000多位，总经理或者董事一级的人才则高达5000多位。世界上没有任何一家商学院能够培养出这么多的商业领袖！西点军校培养的成功人士如图8－4所示。

图8－4　西点军校名人图

因此，没有任何借口是执行力打造的第一件法宝，当你不为自己的行为找借口的时候，你就会寻找解决问题的方法。一位服装店店长曾经与我分享了她的经历。

有一次进行大促销活动，最后一天晚上11点多了，马上这个月就要扎帐了，但是还有2000元的任务没有完成。大家都知道，完不成任务是拿不到奖金的，于是店长发动员工想办法。最后，他们做出了一个大胆的行为，他们给公司董事长打电话说：华总，您是我们店铺VIP中的VIP，我们今天晚上进行大促销活动，一定由您需要的商品，希望您能够来我店选购，并帮助我们完成本月的销售任务。这个举动让董事长感到很意外，但也慨然应允。

有这样的员工为了完成公司的目标努力至此，难能可贵，被传为美谈。可见，没有做不到，只有想不到，只要努力做，方法永远比困难多。

关于执行力的另外一件法宝是什么呢？我先给大家讲一个故事：

三个和尚的故事

有一天，三个和尚在一个寺庙里相遇。

“这寺庙为什么荒废了？”不知是谁提出的问题。

“必定是和尚不诚，所以菩萨不灵。”甲和尚说。

“必定是和尚不勤，所以庙堂不修。”乙和尚说。

“必定是和尚不敬，所以香客不多。”丙和尚说。

三个和尚争执不下，最后决定何不留下来各尽所能，看看谁最成功。

于是甲和尚虔心礼佛，乙和尚重修庙堂，丙和尚化缘讲经。

不久后，香火鼎盛，香客不绝，寺庙又恢复了昔日的昌盛。

“都因我虔心礼佛，所以菩萨显灵。”甲和尚说。

“都因我重修庙堂，所以庙宇堂皇。”乙和尚说。

“都因我化缘讲经，所以香客众多。”丙和尚说。

从此，三个和尚日夜争执不休，寺庙的盛况又逐渐消失了。

三个和尚都没有明白，是他们齐心合力才使得寺庙香火旺盛。同时，也是他们各自为政，想以局部凌驾于整体之上的错误做法导致了寺庙的衰败。他们不知道，在职责清楚、分工明确的基础上，相互之间进行协作是一个团队成员的应尽之责。而团队执行力的第二件法宝就是团队合作。

有了团队合作的精神，我们在执行过程中就可以取长补短，无往而不胜。

庞欢：感谢熊老师的讲解，在这里我也讲一个我自己经历的关于执行力的故事。

买复印纸的故事

一老板让一员工去买复印纸，员工去了，买了三张复印纸。老板很生气地大声说：三张复印纸，怎么够，我至少要三摞。员工第二天就去买了三摞复印纸回来，老板一看，又叫：你怎么买了 B5 的，我要的是 A4 的。员工过了几天又去买了三摞 A4 的复印纸，老板骂道：买复印纸竟然花了一个星期时间！员工说：你又没有说什么时候要。只是买复印纸，员工跑了三趟，老板气了三次。老板摇头叹道：员工执行力太差了！员工心里说：老板能力欠缺，任务都交代不清楚，只会支使下属白忙活！

从这个故事看，谁说的都有道理，老板要买东西不交代清楚是老板的错，而员工没有主动地问清楚老板的需要就去做事情，白忙活也是活该。

我们团队要避免发生这样的事情，先从我做起，我交代事情一定交代清楚，需要什么东西，什么规格，什么时间完成。如果我交代得不清楚，也请各位同事监督，毕竟，团队执行力是大家合作的结果。谢谢大家！

毛小蒙，你也讲讲你对执行力的看法吧！

毛小蒙：我也没有什么准备，我就讲一个胆大心细的小故事吧！

胆大心细

有位医学院的教授，在上课的第一天对他的学生说："当医生，最要紧的就是胆大心细！"说完，便将一只手指伸进桌子上一只盛满尿液的杯子里，接着再把手指放进自己的嘴里。随后教授将那只杯子递给学生，让这些学生学着他的样子做。看着每个学生都把手指探入杯中，然后再塞进嘴里，忍着呕吐的狼狈样，他微微笑了笑说："不错，不错，你们每个人都够胆大的。"紧接着教授又难过地说："只可惜你们看得不够仔细，没有注意我探入尿杯的是食指，而放进嘴里的却是中指啊！"

我想执行就是要注意细节，要在细节上下功夫，走在正确的方向上，这样的执行力才对团队、对店铺有意义。谢谢大家！

庞欢：感谢各位的分享，也感谢熊老师的莅临，我们沟通交流的机会还很多，希望大家都积极准备，能够不断地学习，不断地分享，更快地成长。

三、让自己忙起来的妙招

D&P品牌红星瓷砖店新来了一位员工叫王婷，她曾经在服装终端销售一线摸爬滚打十几年，有丰富的店面管理经验，但在这里，她只能屈尊为店员，心有不甘。她看到瓷砖店人流稀少，不如服装店客流多，人员散漫，不知道在做什么。

这一日，她与老员工聊天："我们上班期间经常玩手机、聊天，难道公司领导不巡查吗？"

老员工说："周围建材城都这样，谁管啊！"

王婷说："可是这样工作也没有什么意思啊，只能是虚度光阴，我想我们应该动起来，多做业绩。像我们以前在店里面折衣服、做陈列、打扫卫生、迎宾接客都可以提升业绩销量啊！"

老员工说："你傻了吧！我们产品摆放都是固定的，卫生每天早晨10分钟搞定了，迎宾，门外连一个鬼影都没有，迎谁去啊！"

王婷说："照你这么说就没有办法了，天天这样守株待兔，晃来晃去不是更难受吗？"

老员工说："我没有什么好办法，听说公司来了专家顾问团，不过经常在富森店，也不怎么来我们店铺，要不你去富森店问问熊老师，或许他有方法呢？"

王婷说："哦，好啊，我去请教熊老师，我们最好忙起来，有事情做。"

旁白：于是王婷来到富森店，见到了熊老师。

王婷：熊老师，我以前是做服装的，店里客流很大，一天都很忙。现在做瓷砖导购，太清闲了，没什么事情做，3000平方米的店铺，一天来才来20多个人，7、8个导购，感觉大家都闲着，没有事情做，我不想这样，我来了就是要做事情，长知识的，您看看有什么方法吗？

熊老师：这个情况我们来分析分析，瓷砖行业与服装行业之间的行业属性不同，所以你直接复制是不行的。一般来说，瓷砖业的日常客流量要比服装行业的小很多，平时，员工的空闲时间也比较多，很多时候，多数人会无所事事，而又会认为这是一种正常的工作方式。像你这样有意识的员工不容易啊！

王婷：谢谢熊老师夸奖，那么我能做些什么呢？

熊老师：让自己忙起来有很多方法，我想你也不会甘心只当导购，把方法学会了，带动大家一起动起来，你的升职空间会很大。我推荐给你几种有效的方式：

1. 打扫卫生

卫生天天都打扫，但在建材家居领域天天做卫生的店铺，卫生状况“触目惊心”，如图 8 –5 所示。对于大型瓷砖店铺来说卫生是一个永恒的主题。

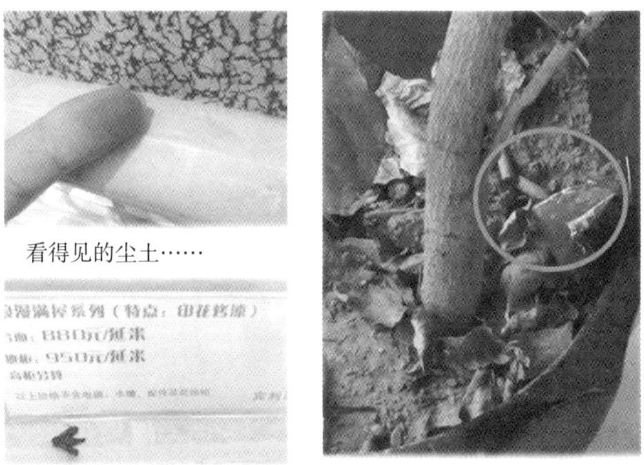

看得见的尘土……

飞蛾已成干尸……

花盆中烟头烟盒……

图 8 –5　瓷砖店卫生示意图

门口区域是顾客对店面形象的第一感知，也是吸引顾客进入店面的有效工具，门口的日常维护非常重要，每天在早会前或早会后都要对门口进行整理和清洁，清洁要求如表 8 –5 所示。

表 8－5　门口区域卫生清洁表

位置	要求
外立面	户外 LOGO，3 个月一次整体大清洁
灯箱橱窗	每周进行一次清洗清洁
门口地面	保持地面清洁光亮，在人直立视线内无纸屑、无塑料垃圾、无水渍等污染物。可用扫把打扫干净后，再用拖把拖两遍。每天至少清洁 1 次
玻璃门窗	用玻璃专用清洁水进行清洁，用抹布擦拭门窗，时刻保持玻璃门窗的光洁明亮，在半米视线内，从各个角度都不能看到或摸到灰尘和污渍。每天擦洗 1 次
红地毯	“欢迎光临”红地毯摆放在门口的正中处，占门口的约 3/5，尺寸大小为 180CM 长或 150CM 长，每天下班前需要进行清洗和回收
停车位	专门划分一区域用于员工自行车、电动车的停放，并画好停车标志；如有顾客需要停车，可由店面迎宾导购引导顾客停车，尽量停放在门口两边，不要挡住正门

店内卫生对于店面的整体形象是非常重要的，干净、整洁的环境使顾客有赏心悦目的感觉。店面人员须根据清洁卫生的区域，安排每日早会前后进行清扫。店内卫生清洁要求如表 8－6 所示。

表 8－6　店内卫生清洁表

地点	要求	负责人
店顶	天花板、墙角、灯具目视无灰尘、无蜘蛛网	有人员变动或请假需及时调整卫生区域，并将调整结果通知相关人员
地面	保持清洁光亮，人在直立视线内无灰尘、无纸屑、无烟头、无脚印、无水渍等污染物	
瓷砖	无破损、无污染、无划痕	
物品	摆放有序、整齐，力求达到展示效果美观和谐，且保持通道畅通	
样板间	清理瓷砖上的灰尘、清洁地面以及软装、植被的归位及整理，给予每一个样板间一个清洁舒适的环境。没有杂物、污水、烟头纸屑等	

清洁后要进行检查，检查内容如表 8－7 所示。

表 8－7　店面清洁维护检查表

区域	位置	检查情况	处理意见（保持或改进）	检查人	检查时间
门口	台阶	台阶是否干净、无水渍			
	灯箱、橱窗	是否干净清亮，是否有灰尘污垢			
	门头	是否干净清亮，是否有灰尘污垢			
	玻璃门窗	是否干净清亮，是否有灰尘污垢			
	红地毯	是否摆放整齐，是否干净整洁			
	停车位置	车辆摆放是否整齐，是否流动顺畅			
展厅空间	地面	地面是否保持清洁光亮；地砖是否破损；物品摆放是否整齐			
	前台	桌面是否整洁，物品是否分类整齐、是否有私人物品			
	物料检查	吊旗是否脱落、地贴是否损坏、X 展架是否损坏、单页是否摆放整齐、标签是否卷角破旧			
	展具	展具是否摆放整齐；展具表面是否有灰尘污垢；是否有破损缺失			
	饮水机	是否需要加水，外表是否干净，无明显污渍、灰尘；饮水机内胆及水槽是否需经常清理			
	垃圾桶	店面垃圾桶是否摆放整齐；表面是否干净清洁；垃圾袋是否需要更换			
样板间	墙面	是否有蜘蛛网；是否有部分脱落，是否有其他划痕			
	地面	地面是否保持清洁光亮；地砖是否破损；物品摆放是否整齐			
	小饰品	小饰品摆放是否凌乱，搭配是否合理			
	软装	软装是否破损；是否摆放整齐			
洽谈区	地面	地面是否保持干净、无纸屑杂物			
	凳椅	凳椅是否摆放整齐，抱枕是否归位			
	桌面	烟灰缸是否洁净明亮、茶点是否需要补充			

续表

<table>
<tr><th>区域</th><th>位置</th><th>检查情况</th><th>处理意见（保持或改进）</th><th>检查人</th><th>检查时间</th></tr>
<tr><td rowspan="4">卫生间</td><td>地面、洗手台</td><td>地面是否干净，没有积水杂物；洗手台是否有明显污垢或积水，无异味</td><td></td><td></td><td></td></tr>
<tr><td>洗手液</td><td>是否需要补充</td><td></td><td></td><td></td></tr>
<tr><td>垃圾桶</td><td>是否需要清理</td><td></td><td></td><td></td></tr>
<tr><td>卫生纸</td><td>是否需要补充</td><td></td><td></td><td></td></tr>
</table>

2. 做陈列

陈列是可以增加销量的环节，虽然建材店铺里面很多框架是固定的，但是还是有很多可以调整的地方。很多内容在前面已经叙述过。在这里我们主要强调一下“样品陈列原则”，如表 8 – 8 所示。

表 8 – 8　样品陈列原则表

<table>
<tr><th>类别</th><th>时间</th><th>区域</th><th>标准操作</th><th>备注</th></tr>
<tr><td rowspan="10">抛光砖、仿古砖、全抛釉</td><td rowspan="4">新产品</td><td rowspan="2">斜板</td><td>1. 占斜板总面积 30%</td><td rowspan="2">新样板在距离门口 6 米距离内斜板上样（不一样）</td></tr>
<tr><td>2. 全部新品都上架</td></tr>
<tr><td rowspan="2">样板间</td><td>1. 占样板间上样总面积的 30%</td><td rowspan="2">新样板位置摆放标准：更换上样最久的旧品样板间，以新产品替换（销量前 3 位除外）</td></tr>
<tr><td>2. 大、小面积样板间各一个</td></tr>
<tr><td rowspan="6">旧产品</td><td rowspan="4">斜板</td><td>1. 连续 6 个月销售额都没有达到 3 万元的款式进行更换</td><td rowspan="4">促销、清仓产品不能上斜板，统一用展架摆放</td></tr>
<tr><td>2. 按照总公司指引撤换旧板</td></tr>
<tr><td>3. 每 3 个月调换一次斜板样板位置，按销量排名，排名前列的系列放前，每个系列按销量由高到低、由前到后的顺序摆放，并做好记录（半年）</td></tr>
<tr><td>4. 在 15 天内更换完毕</td></tr>
<tr><td rowspan="2">样板间</td><td>1. 两年前推出的产品销量最好的款式</td><td rowspan="2">具体摆放位置方法见公司规定</td></tr>
<tr><td>2. 由销量好的产品和新产品进行更替</td></tr>
</table>

续表

<table>
<tr><th>类别</th><th>时间</th><th>区域</th><th>标准操作</th><th>备注</th></tr>
<tr><td rowspan="10">瓷片</td><td rowspan="4">新产品</td><td rowspan="2">推拉柜</td><td>1. 占推拉板面积的 30%</td><td rowspan="2">新样板必须按照从外到内原则摆放</td></tr>
<tr><td>2. 全部新品都上架</td></tr>
<tr><td rowspan="2">样板间</td><td>1. 占样板间上样总面积的 30%（10%）</td><td rowspan="2">更换上样最久的旧品样板间，以新产品替换（销量前 3 位除外）</td></tr>
<tr><td>2. 大、小面积样板间各一个</td></tr>
<tr><td rowspan="6">旧产品</td><td rowspan="4">斜板</td><td>1. 连续 6 个月单月销售额没有达到 5 万元的款式进行更换</td><td rowspan="4">促销、清仓产品不能上推拉柜，统一用展台摆放。</td></tr>
<tr><td>2. 照总公司指引撤换旧板</td></tr>
<tr><td>3. 每 3 个月调换一次斜板样板位置，按销量排名，排名前列的系列放前，每个系列按销量由高到低、由前到后的顺序摆放，并做好记录。</td></tr>
<tr><td>4. 在 15 天内更换完毕</td></tr>
<tr><td rowspan="2">样板间</td><td>1. 以前推出的产品销量最差的款式</td><td rowspan="2"></td></tr>
<tr><td>2. 销量好的产品和新产品进行更替</td></tr>
</table>

3. 学习知识

学习是今天为明天做的投资，终究会用得到的，忙时出业绩，闲时大练兵，作为店长，可以带领大家进行一次攀登学习高峰的历程。就某一课题大家展开讨论，让每个人在讨论、创意、学习中快速成长起来，这些课题可以是公司的程序性话题，也可以是针对店铺的特有难题，具体的课题分类如表 8 －9 所示。

表 8 －9　研讨课题分类表

<table>
<tr><th>分类</th><th>研讨课题</th></tr>
<tr><td rowspan="3">学习类</td><td>背诵商品知识</td></tr>
<tr><td>产品卖点总结提炼</td></tr>
<tr><td>……</td></tr>
<tr><td rowspan="3">训练类</td><td>情景模拟销售技巧</td></tr>
<tr><td>导购礼仪训练</td></tr>
<tr><td>……</td></tr>
</table>

续表

分类	研讨课题
难题类	顾客心理分析与探讨
	优秀员工经验分享
	……

4. 打电话

电话是店铺引流、客户维护的有力武器，前面章节中我详细介绍了如何打邀约电话，这里我们谈谈导购员如何维护客户、回访客户。客户回访主要是追踪现有的客户，了解他们的装修进度，有哪些需要帮助的，同时可以让他们进行转介绍，利用现有客户推荐客户的方式，增加销售的成功率。打电话要注意的基本礼仪要求如下：

（1）电话回访

选定时间：尽量避开受话人休息、用餐、上午上班的时间，最好别在节假日打扰对方。如果对方不接电话，则过二个小时后才能再次拨打顾客电话。而且一天不能超过三次拨给顾客（包括不接的）。

通话准备：坐在前台，准备好纸和笔再打电话，不要出现需要记录内容的时候，让顾客等待。

通话时间：通话的时间控制在 3 分钟，电话的内容事先准备好。

通话内容：“您好，×先生！这里是 D&P 瓷砖。我是小孙，想打扰您一分钟时间，请问您现在方便接电话吗?”等。

通话结束：当通话结束时，要祝福对方：“×先生，谢谢您对 D&P 瓷砖的支持，祝您生活愉快”，然后等顾客先挂电话。

（2）接听电话

接听时间：要求在铃响三到五声之内接起电话！如果超过五声，则要向对方道歉。

通话用语：如果是熟的顾客，则语气比较亲和。如果是电话表中没有署名的不熟悉的顾客，则用语要求：“您好，D&P 瓷砖，请问有什么可以帮到您的吗?”

通话结束：当通话结束时，祝福对方：“×先生，谢谢您对 D&P 瓷砖的支持，祝您生活愉快”，然后等顾客先挂电话。

（3）通话要求

通话时，语调要热情、大方自然，声量适中，表达清楚，语言简明扼要，要有礼貌。

5. 发传单

发传单也是店外引流的重要方法，让店员积极行动起来。发传单有很多的方法，比如，可以在店门口发，可以在店周围的十字路口发，也可以在交通站附近发，地点不同效果不同，方法不同效果也不同。

6. 扫楼盘

店铺内没人，店外还是有人的，所以，我们对店铺能够辐射到的小区楼盘信息进行完善，以增加店铺的进店率。小区楼盘信息记录如表 8－10、表 8－11 所示。

表 8－10　小区楼盘登记表

序号	小区名称	开发商	小区档次	均价	售楼部电话	联系人	施工进度	预计交房时间	交房数量	预售情况	备注

表 8－11　小区楼盘档案表

编号		跟进人			
楼盘名称		详细位置			
开发商		物业管理负责人		电话	
楼盘定位		是否目标买家			
均价		户型结构		厨房面积	
户数		配件			
楼盘类型	口店面房口集资房口别墅区口出租房口拆迁房				

是否精装修		开盘时间	
是否统一装修		预计装修时间	
可否进行现场宣传		允许宣传方式	
车库/门店租金		开盘时间	
展示租金			

已进驻的装修公司		
装修公司名称	联系人	联系电话

已进驻的竞争对手	
竞争对手名称	竞争对手主要进驻方式

开发价值评估						
预计各项投入						
预计销售目标						

进驻计划						
进驻步骤	具体内容					
1						
2						
3						
4						
5						

效果总结与评估：

7. 联系设计师

设计师是店铺业绩来源的关键，在日常工作中，无论是情感投资还是物质投资都会有回报，等到顾客带着设计师进店了，才跟设计师“套近乎”、“拉关系”，这时已经晚了，让设计师主动带着顾客来我们店铺，才是上上策。每位导购至少有10位设计师资源，并且经常开单的要达到一半以上，方为合格的导购。设计师管理维护，如表8－12所示。

表8－12　设计师管理维护跟踪表

家装公司	设计师	电话	手上项目 进展情况	合作意向	跟进计划 时间安排

8. 调查对手

竞争对手的信息要不断更新，正所谓“知己知彼百战不殆”，竞争对手的动态我们应该随时掌握，也必须掌握。竞争对手最近有什么活动？有什么促销信息？有什么大客户？有什么设计师资源？有什么工程项目？有什么新品上市？这些信息均需掌握清楚。

9. 玩网络

网络是现在不可或缺的营销手段，微信、QQ的客户开发与维护功能威力不可小觑。没事可以玩手机，摇一摇就会摇到有意向的客户。微信还有“附近的人”功能，可以在家里或是在闹市区给附近的人发短信息，通知他们参加我们店铺的活动。

10. 做分析

店铺的很多数据是通过分析得到的，通过统计数据，总结销售经验，让大家找到前进的方向。分析店铺哪些产品是畅销品，哪些产品是滞销品，然后确定哪些样板间要进行更换和调整。

进行店面数据分析，如表 8－13、表 8－14 所示。

表 8－13　店面样品月度销售分析表

负责人：　　　　　　　　　　　时间：　　年　　月

<table>
<tr><td>销量</td><td>样品编号</td><td></td><td></td><td></td><td></td><td></td><td></td><td></td><td></td><td></td><td></td><td>合计</td><td>备注</td></tr>
<tr><td rowspan="3">前十名</td><td>销售金额</td><td></td><td></td><td></td><td></td><td></td><td></td><td></td><td></td><td></td><td></td><td></td><td></td></tr>
<tr><td>占比</td><td></td><td></td><td></td><td></td><td></td><td></td><td></td><td></td><td></td><td></td><td>100%</td><td></td></tr>
<tr><td>改进意见（店长填写）</td><td colspan="12"></td></tr>
<tr><td>销量</td><td>样品编号</td><td></td><td></td><td></td><td></td><td></td><td></td><td></td><td></td><td></td><td></td><td>合计</td><td>备注</td></tr>
<tr><td rowspan="3">后十名</td><td>销售金额</td><td></td><td></td><td></td><td></td><td></td><td></td><td></td><td></td><td></td><td></td><td></td><td></td></tr>
<tr><td>占比</td><td></td><td></td><td></td><td></td><td></td><td></td><td></td><td></td><td></td><td></td><td>100%</td><td></td></tr>
<tr><td>改进意见（店长填写）</td><td></td><td></td><td></td><td></td><td></td><td></td><td></td><td></td><td></td><td></td><td></td><td></td></tr>
</table>

使用说明：

（1）要关注所有样品的市场销售情况，尤其是公司、店面主推的产品；

（2）产品旺季到来前要及早做好样品更换工作，为换季销售、展示做准备；

（3）提高店面各级人员的销售敏感度；

（4）要特别关注公司、店面主推的新样品销售状况。

表 8－14　样品更新追踪表

序号	样品型号	数量	颜色	预计到店时间
1				
2				
3				

续表

序号	样品型号	数量	颜色	预计到店时间
4				
5				
6				
7				
8				
9				
10				

王婷：啊，原来要做的事情比服装店多得多啊，只是我自己不知道，谢谢熊老师，我回去知道怎么做了。

熊老师：知道做跟做到有很大的距离，你付诸行动，一定会大有收获的，祝你成功。

四、服务标准执行要统一

门店的服务宗旨是为顾客提供满意而周到的服务，公司为了提升门店导购员的服务水平，制定了很多客户服务标准与规范。但是，在终端门店，执行不到位的现象比比皆是，那么应该如何让门店管理者有效地贯彻与执行这些服务标准呢？

案例一：执行售前服务标准

D&P 品牌富森店即将开展为期五天的店庆优惠促销活动，店员孙可毅根据公司客户服务标准进行理货、盘整、宣传等工作。促销活动第一天，一位中年女性很快下单买了一件花洒，花洒标价 588 元，当顾客付款结账时，电脑却显示为 888 元，顾客非常不满道："标价明明是 588 元，为什么结账时会是 888 元？你们这不是欺骗顾客吗？"导购员毛小蒙连忙解释道："电脑系统里的价格是最准确的，标签上的价格有误！"

对于这样的答复，顾客觉得难以接受，于是气愤地找到了商场客服部门，要求给一个合理的解释，客服部门为了平息顾客的不满，只好答应以588元的价格出售，而300元的损失只能由店铺自己"买单"。当然这个损失要由孙可毅承担。

旁白：如果你是店员孙可毅，你认为如何才能避免此类问题的发生呢？

孙可毅：熊老师，这件事我也很冤枉，我记得当时我做得好好的，不知道什么地方出了问题？

熊老师：标签价格与结算价不一致，一定是导购人员没有及时地更新标价，导致消费者被误导。这种情况一方面说明准备工作安排得不够系统与细致，除了安排清洁、盘整、理货、宣传等基本工作外，还应该注意细节，比如及时更新标价，检查硬件设施等，防止销售过程中出现投诉与纠纷；另一方面说明没有监督检查机制，顾客对价格特别敏感，导购人员居然在这方面出现疏漏，说明门店的管理工作过于随意与松散，缺乏监督检查机制，致使"意外"发生。

孙可毅：那么，应该如何执行售前服务标准，防止类似的意外发生呢？

熊老师：落实售前服务标准需要做到以下几点：

第一，每天做好宣导沟通。除大型活动外，大家一起讨论执行过程中的细节，让每个人都明白本次活动的重要性、工作内容、注意事项以及所要达到的工作目标等，为服务标准的执行做好铺垫。

第二，根据每次活动的主题与侧重点进行学习培训。因为每次活动的产品价格与种类各异，所以实施有针对性的培训更有实际意义。

第三，专人负责。尤其在促销活动中，顾客比较多，销售任务繁重，发生突发事件，导购员可能无暇顾及，因此要分工明确，各司其职，才能把事情做好、做透，避免此类事情的发生。这样还可以增强与提高团队的凝聚力、执行力。

第四，相互监督。管理者的监督十分重要，而真正的监督是自我监督或是互相监督，当将各项工作准备完毕后，应该大家互相检查核实一遍，或是进行重点抽查，以免出现意外。

第五，奖惩机制。在售前准备工作中，即使是事无巨细、一丝不苟，也难免会出现一些漏洞与疏忽，为此，对那些发现问题的同事进行奖励，充分地调动每个人的工作积极性与主动性，有效地推动客户服务标准的执行。

孙可毅：好的，吃一堑长一智，我以后会注意，同时也会协同店长把这项工作做得更好。

熊老师：你已经有很大进步了，努力噢！

案例二：执行售中服务标准

一位身材高大的中年人在D&P富森店铺里面转了好久，挑选了半天，再三比较，对几款瓷砖的花比较满意，便向店员询问哪种款式比较好看。毛小蒙发现其中一款是公司规定的主推款式，便灵机一动地指着说道："这款挺不错的，非常热销！"顾客将信将疑地说道："这种款式在网上宣传得挺好，而且是明星代言的，可是房间里面放这款太艳丽了。"毛小蒙有些不好意思地点头道："是有点！"

顾客又指着另外一款说："这件绿色的应该不错，有清新脱俗的感觉！"毛小蒙立即附和道："确实如此，给您做一个效果图看看吧。"顾客在电脑屏幕上观察许久，有些不太满意地说道："还是不太好看！"顾客接着查看了几款样式后，仍感到不满意，最后摇摇头道："等有新款上市再来看看吧……"

旁白：毛小蒙在销售过程中有哪些不当之处？顾客为什么这么挑三拣四呢？

毛小蒙：熊老师，我在销售过程中有什么不当之处呢？

熊老师：显然，你对于“犹豫型”的顾客服务不到位。“犹豫型”顾客购买商品时，往往没有主见，心理状态不稳定，容易被别人的意见或是广告宣传所左右，做出购买决策时比较谨小慎微，顾虑重重，时常因犹豫不决而中断购买行为。而你接待这类顾客时，仅仅一味地附和，没有将自己放在导购人员的位置上帮助顾客挑选商品，打消其顾虑，迅速实现成交。

毛小蒙：那么，怎样才能正确而又规范地为顾客提供服务呢？

熊老师：作为店员，一定要摆正自己的位置，既不能一味地“屈从附和”，也不能“喧宾夺主”，与顾客沟通时，要求做到“四不”：

“不折不扣”，只要顾客还在店铺中逗留，就应该抓住接近顾客的时机，找到或是挖掘出顾客的需求点与兴趣点，决不错失任何能与顾客成交的时机。

“不离不弃”，顾客在挑选商品时，可能会有种种顾虑与担忧，因此需要店员不厌其烦地为顾客提供服务，直到顾客满意为止。

“不卑不亢”，店员要有一个清晰的定位，明白与顾客的地位是平等的，店员是帮顾客出谋划策、排疑解难的，而不是一味地推销产品，求顾客购买。所以，店员在顾客面前无须唯唯诺诺、低声下气，只要真诚地为顾客提出购买建议，顾客自然能从其言行中找到购买信心。

“不知不觉”，用服务说话，用服务打动顾客，让顾客在不知不觉中受到影响，获得快感。

毛小蒙：感谢熊老师的讲解，我知道了如何执行售中服务标准！

熊老师：好的，努力啊！我很看好你！

案例三：执行售后服务标准

一位顾客购买了一双1688元的皮鞋，买时满心欢喜，不料第二天，顾客怒气冲冲地找上门，要求退货，理由是真皮的皮鞋居然会漏水。

由于售货给他的店员李晓调休，店员俞婷接待了这位顾客，俞婷耐心地解释道："我们的品牌皮鞋是头层牛皮制作的，由于皮质未经过化学处理，保留了牛皮毛孔，具有很好的透气性能，但是不能长时间在雨水中行走，否则就会出现渗水的现象……"

顾客反驳道："我买200元的鞋子都不会漏水，买你们的1688元的鞋子反而会漏水，真叫人难以置信！这不是明显的欺骗顾客吗？"俞婷气不过地说道："我都跟你说清楚了，信不信随你！今天李晓不在，不然你明天再来找她吧！"说完，就将顾客撂在一边不加理会。

旁白：你认为李晓和俞婷错在哪？

熊老师：首先错在没有提前告知顾客产品的使用说明和特性，致使顾客将该商品与一般的同类产品特性相混淆；其次是俞婷不该将顾客撵走，既然她已经接待了顾客，就应该负责到底，不能将此次纠纷推卸，否则会影响到整个店铺的声誉与形象。

那么，应该如何有效地执行售后服务标准呢？

顾客成交后，并不表示万事大吉，我们应该这样做：

第一，将顾客"扶上马，再送一程"。售后工作就是这样的，如果"不送一程"，一旦后期出现了问题，处理就相当棘手与被动。案例中，如果李晓能在销售完成后告知顾客产品的特性与使用说明，想必也不会出现顾客投诉一事。

第二，售后服务是一项细致的工作，店员要认真对待。比如，当顾客选购完商品后，优秀的店员会主动地将商品包装好，顾客付款后，他们再将包装打开，让顾客过目，顾客确认无误后，再让顾客带走。

第三，一站式服务。售后工作应该为顾客提供一站式的服务，无论是谁销售的产品，只要顾客找到店里，店员就有义务代表公司与店铺处理这起投诉，而不是相互推诿，如果当事人无法解决，就应该立即上报，直至问题解决，让顾客满意为止。

第四，具有提升品牌价值意识。售后服务能创造巨大的价值，店员服务好一个客户后，会在其心中留下美好的印象，顾客会将这种优质的服务传递给其他的潜在客户，店面的形象与品牌价值会随之不断地提升。

第九章

Chapter 9

成长铸就未来

成长铸就未来，社会在发展，人人都在成长，你再渺小也是其中的一员，这个社会唯一不变的东西就是变，你不成长，不改变，有人会推动你进步和改变，成长是唯一能够让我们跟上时代发展步伐的手段。也许你认为自己只是一个小小的导购，你可知道你一样拥有无可限量的未来，踏上成长的道路与成功者同行，才是你明智的选择。这一日，公司经理金明找张海英谈话："庞欢销售能力很强，做事也踏实肯干，我打算把她调到红星店做店长。原来红星店的店长能力太差，业绩一直上不去，已经辞职一个星期了，那个店的店员比较嫩，没一个能担当的，你看怎么样?"

张海英说："虽然我不太愿意，但还是要支持公司的决定，我再培养新人吧。"

于是公司内部决定将庞欢调到红星店当店长。公司让张海英跟庞欢说明公司的决定，但庞欢不同意，她说了以下原因：

原因一，老店的人气旺，销售高，自己拿的提成也多，很多老顾客都认同富森店，不认同红星店。

原因二：庞欢认为做店长是费力不讨好的活，自己做好销售就行了。

张海英劝说道："红星店是大店，潜力大，而且你销售做得很好，也需要锻炼管理能力，这是一个很好的机会，人都是要成长的。如果你觉得前几个月业绩上不来，影响你的收入，我可以向经理申请，前几个月给你保底的工资收入。"

庞欢说："那边店铺的几个人我都认识，都是刚进公司没有多久的90后，能力都很差，你把毛小蒙借给我吧！我们两个关系还不错，她虽然也没多久，但是底子好，学习快，受您的管理熏陶和熊老师的指导，现在已经是个熟手了，让她去帮帮我，我们两个或许能把红星店撑起来。"

张海英心想：这下可好，领导要走一个，下属又要走一个。但是为了大局，张海英还是同意了庞欢的要求。

一、"太极八法"化矛盾

庞欢到红星店发现几个店员懒懒散散，每天不知道干什么，店铺客流很少，一早上班后就坐在收银台前聊天。每个人的销售业绩都很低，销售技能很差，可谓百废待兴。

庞欢开始整顿店铺，在晨会上宣布了十大纪律要求，要求每个人必须遵守。结果不但没有人听，而且使店铺形成了三个派别：庞欢和毛小蒙是一伙的，因为她们一起来的；刚进公司的两个90后是一伙，因为他们都年轻，家里也有钱，不在乎这份工作，什么事都是按照自己的想法做，与店长势不两立；另一伙的是中专毕业的进城务工人员，都是和事佬，但是骨子里固执、不服从。所以看似一个团队，实则一盘散沙。

庞欢没办法，下令说，谁要是做不到，谁就不要干了。这下可好，庞欢无意中听到他们在商量集体辞职。

庞欢内心很不安：他们真的起来“闹事儿”，我能镇得住吗？可是我又有什么错呢？我宣布的纪律都是公司规定，而且在老店执行得很好，大家都是这么做的，怎么到了新店就不行呢？不做店长是小事情，关键是丢不起人啊！这可怎么办啊？

旁白：这情况是有点危险和复杂，还是回老东家找熊老师取经吧！

庞欢：熊老师，我想好好做事情，可店铺环境太复杂，员工还要集体闹事，你看怎么办？

熊老师：现在知道店长不是那么好当的吧！当初你还抱怨店长，怎么轮到自己就不理解员工了。

庞欢：关键是我原来的店铺情况比较简单，现在的店铺情况复杂多了，我实在没有头绪，不知道从哪里下手，所以来求教您了。

熊老师：好吧！听了你说的情况我也觉得挺复杂的，不是三言两语能说清楚的，但是万变不离其宗，就是一个店铺的矛盾问题。情况我也不是很了解，我直接给你方法对你成长也没有好处，我把我总结提炼的“太极八法”交给你，你回去根据情况选择应用，一定会有更好的效果的。

（1）**以身作则法。**在终端店铺工作中，店长和店员之间由于工作协调不一致，角色不一样等原因，经常会发生冲突，店员不会理解你，因为他没有那个角色认知。他可能认为你只是一个小小的店长，芝麻大点的小官，牛气什么？但只有你知道，店铺是一个完整的有机体，麻雀虽小五脏俱全，不这样做不行。这样，以身作则就很重要了，什么事情都要自己做好，做得比别人好才有资格要求别人。要更多地运用魅力权力，而不是公司给你的行政权力。

（2）**制度公开法**。公司有很多制度规定，但是不能在店铺里照抄照搬地执行，那样会让店铺无法掌控，或是成为一潭死水。作为店长，应该带领店铺人员制定自己的制度，比如关于迟到、早退、吃东西、请假等规定，规定甚至可以超出公司的要求，比公司的还要严厉，但是前提是大家都同意，共同签字认可，不然大家不认可，当然要反抗。

（3）**构建氛围法**。在顾客稀少时，如果按照制度要求操作，大家不聊天，都看书籍或是背诵产品知识，店里就会寂静无声、死气沉沉，会令人感到压抑、坐卧不安。这样会产生很多不必要的矛盾，而只要有一个人欢声笑语，就可打破沉闷气氛，使整个店铺气氛变得轻松愉快。店长应该是一个呼唤快乐天使般的人物，应能调节气氛、活跃气氛，能控制和营造愉快的店内环境。如此，店员就会受到感染，气氛融洽会有利于矛盾的化解。

（4）**利益分配法**。平等分配利益，构建公平的环境；每位店员都希望自己的付出能得到相应回报，但由于工作体制，如吃大锅饭，难免出现奖罚不明，回报与付出不相符的现象。这样就很难服众，所以要协调这个方面的关系。

（5）**同理心法**。在处理情绪冲突时，我们最好的方法是设身处地地替店员着想，这就是同理心法。

比如一位店员在一大早儿赶来上班时，由于急着赶车忘记拿伞，在路上被雨淋得浑身湿透了，更糟糕的是这位员工在挤车时又不慎丢失了钱包，虽然没有什么特别贵重的东西，但还是将半个月的工资搭了进去。当他气冲冲跑进店铺时，已经迟到 20 分钟了。这时你不问原因就算他迟到，同时数落一通。如果他是个急性子是很难容忍的，他要发泄，可能会与其他店员发生了口角，产生矛盾。

解决这类情绪所造成的矛盾，你最好用爱心与同情心来处理。记住，这里要赢得那位无缘无故惹了一身气的员工的支持。要与他一起展开工作，当他设身处地地将他人的遭遇在脑子里经历一番时，同情会化解怨恨的。

（6）**沟通交流法**。对于员工之间存在的冲突，作为店长要立刻注意到，并马上召集有关人员碰头处理，沟通协调一定要及时。积极引导，求同存异，把握时机，适时协调。唯有及时，才能最快求得共识，保持信息的畅通，而不至于导致信息不畅、矛盾积累。

沟通有两种，一种是正式的沟通，一种是非正式的沟通；后者要比前者更加有效。你可以试着通过私下交流的方法，弄清情况，然后对症下药。比如：邀请某一个店员吃饭，然后进行一些深入交流，你一定会有更多的收获。

（7）**尊重关怀法**。关怀是可以化解矛盾的。一个家里没有钱的人，或是正在还房贷的人，他可能急需要用钱，这时你可以创造性地把自己的销售业绩写到他的名下，让他增加一点收入，他会很感激你的。因为店长一般是不算个人业绩的，只算店铺业绩。对于不缺钱的人，他们缺乏成就感，一旦你发现他哪里做得不错，你赞美和表扬他，让他感受到充分的尊重和自豪感。这样交织在店铺的矛盾会少很多。

（8）**价值观认同法**。价值观不一致是店铺矛盾冲突的一个核心成因。价值观是一个人在长期的生活实践中形成的，在短时期内是很难改变的，因此，价值观的冲突也是长期存在的。作为店长，最终的管理目的是构建店铺统一的价值观，大家都认同的价值取向，如果能做到这一点，店铺的所有矛盾都不是矛盾，是共同为了店铺业绩提升碰撞出来的灵感和智慧火花。

以上是一些处理问题的方向，如果真的出现了具体的事情，真的有人带头闹事儿的时候，要遵循下面的处理流程，才能万无一失，完美地化解掉店铺的任何矛盾。

第一，认真倾听意见。

店员“闹事儿”，一般都有原因，有的也许是问题日积月累的结果。

比如分配问题、提高待遇问题、个人用品问题等，都有可能导致这种现象发生。店长要认真听听这些店员的心声，并做好记录，适当插话消除一些误解或误会。静下心来，认真倾听店员的心声非常重要，这能表示主管对店员的要求非常重视。这样，有可能使问题得到解决，至少使解决“闹事儿”问题有了一个良好的开端。

第二，稳定彼此情绪。

在这类事件发生后，可以采取坐下来交谈的方法，大家坐下来好好地聊聊，能缓解店员的对立情绪、消除彼此的怨气。一方面显示对“闹事儿”者的尊重，另一方面也有利于理智地讲清问题。当“闹事儿”店员的情绪安静下来以后，店长的意见更容易被“闹事儿”店员接受。

第三，一定慎重表态。

店长要做到慎重表态，情绪激动时的表态会引发“闹事儿”店员得寸进尺。应确定表态时间，等过一段时间以后，双方的情绪会逐渐平稳，到那时双方可能都会理智些。如果当面表态，由于受情绪影响，双方说出的话难免有不准确的地方，同时，双方情绪激动，无意间也抬高了“闹事儿”者的期望，对店铺的客户接待工作不利。店长的话不要太绝对，多说一些诸如认真研究、争取解决之类的话。当然，对店员的合理要求要尽力解决，暂时有困难的，也要说明情况，以便取得店员谅解，不然还会继续发生“闹事儿”状况的。

第四，重视“刺头儿”。

“刺头儿”很容易被发现，店长与“刺头儿”协商好，“闹事儿”的处理就成功了一半。这是因为，“闹事儿”者往往是“刺头儿”鼓动的，其他店员只是盲目跟从，凑热闹的居多；或者“刺头儿”在“闹事儿”者中说话有分量，“闹事儿”的店员比较听从“刺头儿”的意见。

第五，严惩违规者。

“闹事儿”问题一经平息，店长必须对其中的违规者做出严肃处理，以便树立自己的权威，起到杀一儆百的作用。

记住，是对违规者处理，也就是对有不良企图的店员进行处理，而不是处理所有参与“闹事儿”的店员，出现“闹事儿”事件，对店铺的生意及信誉会产生不良影响，必须刹住“闹事儿”的不良风气。

总之，店长对店员的管理工作，是一项长期烦琐的工作。店长对此项工作必须常抓不懈，不能有一丝一毫的放松。对店员的管理也是对店长领导能力和协调能力的检验。换句话说不能摆平这些事情，你就不是一个合格的店长。

庞欢：我有信心了，我相信无论发生什么事情我都会解决的，谢谢熊老师。

熊老师：不用客气，我相信你还会遇到很多具体问题的，可以随时来找我。

庞欢：我会的，谢谢熊老师，我先回店铺了。

二、赢得员工追随的六条妙计

D&P 富森店店长张海英因家里有事情要停薪留职 6 个月，店面由老员工李燕代管，可是没过几天，公司总部调来了一个储备店长王婷。李燕心知肚明：公司是想考验自己，如果自己不能胜任，就会让王婷取而代之！但是李燕认为自己资格老，经验丰富，所以信心十足，认为店员都是自己的熟人，王婷也掀不起什么大风大浪。

店员孙可毅工作认真、积极，成长很快，每次参加店铺的晨会都积极发言。但李燕却置若罔闻，不加理会，认为她只是个初出茅庐的小孩子。但是王婷认为他考虑问题周到、全面，于是鼓励他去尝试。

渐渐的，王婷的“亲民作风”赢得大家的好感，大家也都愿意和王婷沟通交流，而疏远李燕。李燕很郁闷：曾经的兄弟姐妹怎么这么快就叛变了？经理金明看到这样的现象，觉得王婷更能胜任店长一职，于是就正式任命王婷为店长。

旁白：李燕经验丰富，销售能力强，为什么没有如愿以偿地当上店长？

李燕： 熊老师，为什么代理几个月的店长我都当不上呢？

熊老师： 你没有被选为店长，关键是没有赢得人心。混一个脸熟、资格老是没有用的，关键是心服。因此，管理者要想让员工发挥作用，就要有赢得人心的能力。如果能获得大家的信赖与认可，大家自然会心甘情愿地追随你左右。

要想赢得员工的追随我提供三条妙计：

（1）**赞美员工。** 俗语有云："三句好话当钱花"，管理者要学会鼓励赞扬员工。要想员工充分地发挥才能与激情，应不失时机地赞美员工，引导员工。比如你可以说："小王，今天你穿的工服真的很漂亮，很精神！"她自然就会更加注重自己的着装礼仪。

（2）**赏识员工。** 简单地说就是发现员工的优点，知道他的想法和抱负。《三国演义》中诸葛亮常说受主公知遇之恩，什么是知遇之恩呢？就是得到主公的赏识和认可。员工就是有这样的心理诉求：你欣赏我，赏识我，我就愿意为你干活，你说什么我就听什么；反之，你说的什么我都当耳边风，你说的话当然也就随风而去。

（3）**私下沟通。** 店铺里一定有自己志同道合、性情相投的人，要先把这些拉拢过来，自己有了嫡系部队后，其他的人可以带动起来配合你。比如，与店员一起共进晚餐，通过私下的交流增进感情，拉近关系。

（4）**采纳建议。** 学会采纳店员的意见，当店员产生好的想法时，你首先要赞同他，比如你可以说："你的想法真的很周到，我都没有想到，真是太好了！"以此进一步带动团队里的其他店员为店铺的发展献计献策。

（5）**情感共鸣。** 疏导店员的情绪，在日常工作中，店员与店员之间，店长与店员之间难免有些摩擦，有些情绪。此时，店长需要正确地调节店员的情绪，让他们的情绪能得到合理的宣泄。比如有的店员情绪低落，店长应该诱导他们敞开心扉，让他们将整件事情的始末一一道来，并开导他们，为其出主意，让店员觉得店长是一个值得信赖的人。

（6）**承担责任**。当店员在工作中出现纰漏，受到上级领导批评的时候，无论问题出在哪一方，店长应勇于将责任承担下来；另外，店员的问题应该在店内解决，在对外交流沟通时，店长应该站在最前面，不能因为出现了负面的情况，而将责任推卸给店员。

李燕：非常感谢熊老师！

三、如何管理90后员工

庞欢得到熊老师的提点后，准备再次整顿励治，要通过制度构建使大家凝聚到一起，同时增强大家的执行力。她吸取了上次的教训，决定公开研讨，重新制定店铺规范。

在会上，庞欢提出每名员工不能迟到，不能早退，迟到三次以上，扣除本月的全部提成；早晨九点之后不能聊天、玩手机、吃零食，一经发现罚款100元。大家对此都没有什么意见，庞欢决定就这样执行，先执行这一条，后期再不断地增加改进，循序渐进嘛。到月底庞欢核算工资时，每个员工都被罚款100～300元不等，两个90后员工居然被扣罚的就剩下500多元。但是他们满不在乎，还开玩笑说：这个月看来得去吃一顿大餐庆祝一下。庞欢气得鼻子都歪了，心想：制度是公开的，大家都同意了，可是执行起来偏差太大，如果真的这样报上去，公司也不会同意啊！怎么办呢？

旁白：庞欢想用制度约束员工行为，结果超出自己的想象，局面难以控制，问题出在哪里呢？

庞欢：熊老师，我的做法为什么没有取得预期效果？

熊老师：我就知道你会遇到具体问题的，我来帮你分析一下：

（1）生搬硬套制度。我想这方法一定是你在百度上弄来的，有种“邯郸学步，鹦鹉学舌”的感觉，管理制度不能照搬照抄，应根据每个店铺的实际情况决定，即需要“量体裁衣”。比如，店铺业绩不同，人员素质也不一样，所以制定制度时，必须符合自己店铺的实际情况。

（2）制度是死的，但是执行是活的，目的是约束大家的行为，而不是要罚多少款。所以一味地用冰冷的制度管理员工，不讲人情，非但不会增强员工的执行力，反而会出现抵触的情绪。

庞欢：那么，如何通过制度规范员工的行为，提高大家的执行力呢？

熊老师：员工管理制度不应强制店员执行，而应让店员积极主动地遵守，在推行制度时，可以采取一些灵活的策略：

（1）快乐基金。店铺的有些制度是公司统一规定的，比如禁止迟到、早退、不穿工装等，但是店长可以通过其他途径代替罚款。比如以快乐基金形式取代罚款，如果有人犯错，就按照规定好的额度，进行乐捐，而乐捐需公开透明，然后大家可以用这笔钱唱歌、开展生日聚会等活动。这样，不但可以增强团队的凝聚力，还能让每个人乐于遵守公司的制度。乐捐的额度可以事先规定，也可以根据犯错的严重情况而定。

（2）体力劳动。体力劳动处罚也是一个不错的方式，如有人犯错，可以让他打扫店铺，或是清洗卫生间等，以此增强员工遵守制度的自觉性，这种体罚容易让人接受并且执行起来比较有趣。

（3）红黑榜。店铺里可以设置一个红黑榜专栏，对员工进行精神激励。表现优异的员工上红榜，表现差的员工上黑榜，如果表现差的员工后期能积极改进，将工作做得更出色，可以将黑榜上的名字去掉。

（4）扣分制。设立奖罚制度，比如 200 元用 100 分计算，当店员犯错时，以扣分的方式警示大家，而不是直接罚钱；如果店员表现优异，可以给他们加分，最后结算到工资里面，予以奖励。让大家更有积极性和动力去维护店铺的制度。这些策略方法如图 9－1 所示。

快乐基金盒子

体罚打扫卫生

图 9－1　制度灵活执行方法示意图

庞欢：制度的执行我有方法了，可是那两个 90 后好像软硬不吃，油盐不进，家里好像也“不差钱”，一天到晚就知道玩，这可怎么办呢？

熊老师：这个问题就比较个性了，首先我们先来分析一下 90 后员工的特征：

（1）**喜欢个性，拒绝平庸。**他们个性张扬，无拘无束，但是他们并不是只求糜烂，反而他们拒绝平庸。我就认识一个 90 后，典型的富二代，老爸在上海给他买了一套 600 万元的房子，开着 30 万元的车上班，每个月赚 3000 元，然而他并不像我想象的那样不思进取，他反而想干出一番事业，只不过现在还没有机会而已。

（2）**喜欢灵感，拒绝说教。**90 后这一代生活在物质富足、互联网爆棚、资源共享的时代，所以他们的想法多种多样，不受拘束，每个人都有自己显性的个性化想法，不喜欢你说教，他们有主见。我认识的另外一个 90 后，我交给他一项任务时，他做出来的东西常常让我震惊，独到的见解和想法，我无法匹敌。

（3）**喜欢可爱，拒绝成熟。**当然，他们现在就是青春年少的时候，喜欢可爱很正常，成熟的年龄还没有到来，自然有表现不成熟的一面，这些是他们的特征之一。

（4）**喜欢绚丽，拒绝单调。**90 后的世界是丰富多彩的，他们不喜欢单调一成不变的生活，他们喜欢追求刺激，所以新鲜的事情他们更愿意去尝试。

（5）**喜欢直截了当，拒绝拐弯抹角。**90 后做事情好坏分明，个性张扬，直截了当，不拐弯抹角，所以你越是和稀泥就越让90后讨厌。

那么，到底我们该怎样管理90后才能让他发挥最大的作用呢？下面我为你提供一些原则和方法：

(1) **要求明确**。90后员工不喜欢拐弯抹角，不喜欢不确定性地被扯来扯去，你告诉他干什么他给你干好就行了。所以跟90后员工交流要将其工作职责、工作范围、工作权限、工资待遇、激励考核等方式定得一清二楚。

(2) **激发自尊**。90后人群的特性并不是不讲原则、没有责任感的体现，而是没有太多生活压力和顾虑的他们，喜欢更加直截了当的生活和表达方式，但自尊心很强，如果能够激发他们的自尊心，他们的执行力和战斗力还是很强的。

(3) **双向沟通**。在店铺管理上，我们更强调执行力，但对于90后来说，他们个性强，如果不理解工作将很难有执行力。很多公司都是一级级传达的单项沟通方法，简单的信息传递方式，管理者无法知道员工是怎么理解的，到底怎么想，在管理上就会严重脱节，所以，要形成从上到下和从下到上的双向沟通方式。这种双向沟通方式，不仅仅在店铺内，而是要在员工与员工、店长与店长、区域与区域之间的横向沟通中使用。沟通的无处不在，才能让以90后为主体的公司真正形成一个整体。

(4) **塑造环境**。90后员工心理素质和抗压能力差，如果我们给员工过大的压力，很容易造成员工放弃和逆反心理。因而一个轻松的工作环境不但能稳定员工，还可以发挥他们的想象力及创造力。

(5) **压力管理**。作为店长，要做好员工的压力管理，除了工作上面临的压力外，还有生活和社会上的压力。让他们的压力得到全面的释放，增强他们的企业归属感，这样才能有效地留住优秀的90后员工。

(6) **激励刺激**。首先要为90后员工提供有竞争力的薪酬，虽然有的90后不差钱，但是钱是能力的证明，所以激励永远是有效果的。

(7) **展示舞台**。90后富于想象力、创造力，为他们提供展示自己的舞台能使员工更稳定，而且还会收到意想不到的效果。这一点公司应该承担更多的责任，组织文体活动，才艺比拼等，也可以让90后在团队中发挥他们的特长、出主意，会增强他们信心和凝聚力。

（8）**营造文化**。营造多元化的文化氛围，毕竟店铺里有好几代人，70后、80后、90后参差不齐的员工架构，所以团队要建立一种相互理解、相互尊重、相互包容的企业文化，因为任何人都不是一成不变的。如果大家不能接受不同年龄层次的观点和声音，团队之间也不可能形成真正的融合。

90后是现阶段很多店铺面临的难题，我们的方法也只是参考，还要实践出真知，相信你在实践中会有更多收获。

庞欢：谢谢熊老师的提点，我会努力的。

四、如何赞美与批评员工

在D&P红星店，庞欢面对店铺人员慢慢腾腾的样子就受不了，火冒三丈。店员小孙把销售数据核查错了，庞欢当着大家的面批评他："小孙，你小学数学没有毕业啊，57800你写成5780，你真是孙悟空的后代，一下就是十万八千里。"

庞欢看见小李接待顾客磨磨蹭蹭，就扯着嗓子喊道："你动作不能快点吗？没看陈先生已经等了很久了，每天吃饭的时候没见你这么慢啊！"

转眼又看见毛小蒙正在上一块样板砖，很吃力，于是她喊道："王刚，看到女孩子上样品这么危险，也不帮忙，有没有点团队精神啊！你是不是男人啊！"王刚气不过地说道："你要看不惯我们就把我们都开除，反正我们也不想干了。谁像你天生女汉子，母老虎，看你怎么嫁得出去。"当着这么多人的面被下属员工顶撞，庞欢实在下不来台，转身躲进仓库哭了起来。

旁白：现在的员工是难管啊！说两句就受不了，不过似乎庞欢说得有点过分了？

庞欢：熊老师，你说我遇上这么一群员工，店铺业绩能做好吗？

熊老师：店铺业绩好坏，取决于店长，而店长的业绩从哪里来呢？是每个员工创造的，让员工发挥他的作用，才是你的真正价值，作为领导者要有让员工愿意做他该做的事情的本领。

庞欢：但是，我看见他们磨磨蹭蹭的样子就生气，我自己做事情从来不拖泥带水，说他们轻了，不管用，说重了，比我脾气还大，这到底是怎么一回事啊？

熊老师：我从两个方面来帮你分析一下。

首先，是你批评的方法不对，造成了员工的逆反心理。这个原因主要出在你自己身上，你认为所有员工都应该像你一样，做销售就应该积极主动，生龙活虎，而且都是很简单的事情，为什么不去做呢？你很着急，于是说起话来口无遮拦，你要从销售角色转变成为管理角色，学会如何批判员工。

其次，作为管理者，要不断发现员工的优点，并赞美员工的优点，然后告诉他哪个小的方面能够改进，他将更加的完美。

庞欢：那么我应怎样批评下属才对呢？

熊老师：俗话说“尺有所短，寸有所长”，一个人犯了错误，并不等于他一无是处。所以在批评员工时，如果只提他的短处而不提他的长处，他在心理上就会不平衡，感到委屈。比如，小孙核错了一次数据被批评，她会想：我算对了很多次你怎么没有看见呢？她就会感到以前“白干了”，从而产生抗拒心理。所以批评人要遵守以下几个原则：

（1）要尊重客观事实。

批评他人通常是比较严肃的事情，所以在批评的时候一定要客观具体，应该就事论事，要记住，我们批评他人，并不是批评对方本人，而是批评他的错误的行为，千万不要把对员工错误行为的批评扩大到了对员工本人的批评上。比如批判小孙可以说：“这个数据你没有核查出来。”但你说她“小学没毕业”，就是人身攻击了，也许她只是一次无意的过失。这样的批评不但于事无补，反而可能会让她在今后的工作中出更多的纰漏。

（2）不要伤害员工的自尊与自信。

不同的人由于经历、知识、性格等自身素质的不同，接受批评的能力和方式也会有很大的区别。在沟通中，我们应该根据不同的人采取不同的批评技巧。但是这些技巧有一个核心，就是不伤对方的自尊。我们可以说“像你这么聪明的人，我实在无法容忍你再犯一次同样的错误”、“你以往的表现都优于一般人，希望你不要再犯这样的错误”等，此类话语很容易让员工接受，并有利于员工改善他们的行为。

（3）选择适当的场所。

不要当着众人面指责，指责时最好选在单独的场合。独立的空间、安静的会议室、午餐后的休息室，或者附近的咖啡厅都是不错的选择，在库房也是可以的。

（4）选择不同的形式。

有时候，不一定都要当面交流，用短信、微信、QQ 等现代媒体交流工具也会收到很好的效果。没有人知道犯错的人是因为收到你的短信而纠正了行为，这样，没有伤害他的“面子”。

（5）友好地结束批评。

每次的批评都应尽量在友好的气氛中结束，这样才能彻底解决问题。在沟通结束时，你不应该以“今后不许再犯”这样的话作为警告，而应该对对方表示鼓励，提出希望。比如说“我想你会做得更好”或者“我相信你”，并报以微笑。让员工把这次沟通当成是你对他的鼓励，而不是一次意外的打击，这样会帮他打消顾虑，增强改正错误、做好工作的信心。

俗话说“良药苦口，忠言逆耳”。批评就是“得罪人”的事，但只要你有宽广的胸襟包容员工的过失，本着爱护员工的心态，我想你一定会做得更好。

庞欢：熊老师，如何利用赞美的力量呢？

熊老师：赞美能使他人满足自我，心理学家马斯洛认为，荣誉和成就感是人的高层次的需求。一个人具有某些长处或取得了某些成就，他需要得到社会的承认。如果你能以诚挚的感情和真心实意的赞扬满足一个人的自我，那么任何一个人都可能会变得更令人愉快、更通情达理、更乐于协作。因此，作为领导者，你应该努力去发现你能对员工赞扬的小事，寻找他们的优点，形成赞美的习惯。

赞美人要掌握以下几个技巧：

（1）**态度要真诚，**赞美员工必须真诚。每个人都珍视真心诚意，它是人际沟通中最重要的尺度。

（2）**内容要具体，**赞扬要依据具体的事实评价，除了用广泛的用语，如“你很棒”、“你表现得很好”、“你不错”等，最好加上对具体事实的评价。例如，“你关于我们公司水晶石的解说真的是太好了，有时间给其他的姐妹也讲一讲”、“上次我不在的时候你接待一个顾客投诉处理得很好”。

（3）**赞美要看场合，**在众人面前赞扬员工，对被赞扬的员工而言，受到的鼓励是最大的，这是一个赞扬员工的好方式。但是你采用这种方式时要特别的慎重，因为被赞扬员工的表现若不能得到大家客观的认同，其他员工难免会有不满的情绪。因此，公开赞扬的最好是能被大家认同及公正评价的事项。例如：公司销售竞赛获得前三名，在公司服务 15 年的金牌员工……

（4）**间接赞美法，**所谓间接赞美就是借第三者的话赞美对方，这样比直接赞美对方的效果要好。比如你对员工说：“前两天我和金经理谈起你，他很欣赏你接待客户的方法，你对客户的热心与细致值得大家学习，好好努力，别辜负他对你的期望。”间接赞美的另一种方式是在当事人不在场的时候赞美，这种方式有时比当面赞美所起的作用更大。一般来说，背后的赞美都能传达到本人，这除了能起到赞美的激励作用外，更能让被赞美者感到你对他的赞美是诚挚的，因而更能加强赞美的效果。

正所谓：“良言一句三冬暖，恶语伤人六月寒”，作为领导者，你不要吝惜对员工的赞美，尤其是在面对你的领导或者他的同事时，恰如其分地夸奖你的员工，他会对你心存感激，在感情上也会与你更进一步，你们的沟通也就会更加有效。

五、想当老板的导购才是好导购

导购员是零售企业里最基层的岗位人群，往往任务最重，也最辛苦，拿的薪酬也比较低。这样的现状和境遇让很多导购员迷失自我，导购员的未来在哪里，导购员应该怎么做才能进入令自己向往的白领阶层，或是蜕变为老板，诸如此类林林总总，但是在现实中，导购员又很难寻觅到适合自己发展的路径可供参考，以致导购员越来越迷茫。

案例一：把握发展路径

孙可毅是毕业后没有多久就进入D&P品牌富森店铺做导购的，由于店长张海英的提携，加上他比较有灵性，现在业绩稳定，颇受领导赏识。为此，孙可毅内心安定了，心理也有些满足感。

在一次同学聚会上，孙可毅遇到了昔日的好友王涛，王涛毕业后，在一家快消品企业做起了业务员，每天都要骑车到各个终端零售店铺货，皮肤被晒得黝黑。孙可毅见状，戏谑道："看你模样，都快成包公了，还不如找份安安稳稳的工作，比这有前途！"王涛泰然自若，不以为然："你懂啥！这叫先苦后甜！"并表示公司的职业路径很清晰，而且所有的人都要从基层做起，自己也不例外，加上领导对自己比较认可，很快就会被提拔为部门主管。

王涛接着反问道："看你白白净净的，难道想成为'白富美'?!"孙可毅听完，犹如当头棒喝，细想自己的处境：导购晋升也只是个店长，而且现在的店长已经做了6年了，还是店长，再干下去还有什么意思?"

孙可毅觉得前途渺茫，随之萌生了辞职的念头，开始向往起王涛的工作，觉得男子汉大丈夫就是要出去闯一闯，天天在店铺里面跟一群小大女子混在一起有什么出息。在接下来的时间里，他的工作热情也一落千丈。

旁白：孙可毅也太不踏实了，怎么没干几天，有点小成绩就不安分了呢？年轻的90后就是浮躁啊！但为自己的职业发展考虑也没有什么错误。

孙可毅：熊老师，难道导购工作真的是难有出头之日吗？

熊老师：其实不然，导购虽然是一线基层岗位的工作，但并不表示导购工作没有发展前景，只不过你对于自己行业的发展路径不了解，以及没有深入地了解店铺的发展状况。另外，人云亦云，没有自己的职业发展规划。规划个人的职业发展生涯，必须在综合地考虑个人的条件与环境的前提下，妥善地安排自己未来的职业发展方向，而非人云亦云，盲目仿效。

孙可毅：那么，我应该如何把握自己的未来职业发展方向呢？

熊老师：作为一个新进职场的导购员，要想把握好自己的未来的职业发展方向，要对职业发展规划的知识有一个基本的了解。

首先，要了解零售行业的职业发展路径。所谓职业发展路径，就是根据各个方面的综合因素，合理规划出自己的未来发展历程。一般来说，零售行业的职位路径岗位安排分别为导购、高级导购、店长助理、店长、培训督导、零售经理或品牌经理、品牌总监等各阶段，如图9－2所示。如果成为公司的元老级功臣，当老板退居二线成为董事长时，你就是具体的操盘者——总经理。这些发展路径与其他公司并没有什么区别，本来就是存在的，只不过因为受店面和家族式夫妻店的影响，显得不那么顺畅而已。作为导购一定要了解每个阶段都有哪些职位要求和考核要求，并做好积极的储备，只有这样，当机会到来时，你才能抓住。

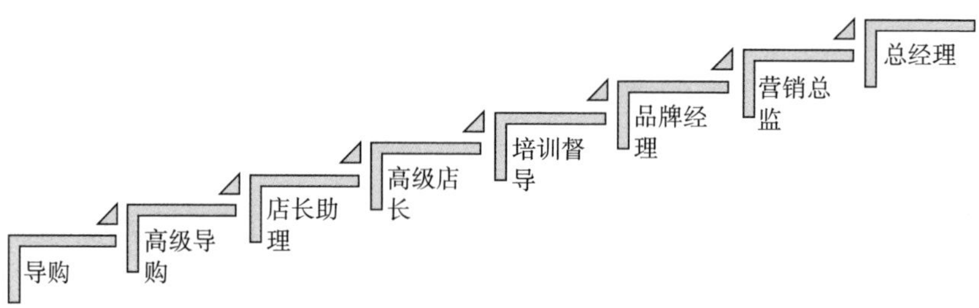

图9－2 导购的职业发展路径图

其次，要建立职业生涯规划的标准。以此判断自己是否适合在某个领域发展，以免人云亦云，东施效颦。在我个人的成长经历中，我经常运用三条标准衡量自己的职业发展现状：

一是薪酬标准：薪酬是衡量一个人成就的主要指标，不过薪资标准不能主观臆断，必须与行业人员的工资水平、自己当前的工作能力水平相一致。

二是学习标准：选择一份工作不能只看薪酬，同时需要看这份职业能否学到更多的知识、技术或管理经验。因为这些东西才是你永久留存的东西，无论到什么时候，知识都可以转化为薪酬，所以不能只看薪酬而忽略了知识的积累。

三是平台标准：一个好的平台比较容易获得更多的发展机遇和提高能力的机会，同时，好的平台可以积累好的人脉，人脉就是钱脉，在当今社会可谓是客观真理，对于导购来说也不例外。选择平台时，可以从这个公司的知名度、企业文化、社会地位等方面来判断，让自己快速发展起来。职业发展评价标准，如图 9－3 所示。

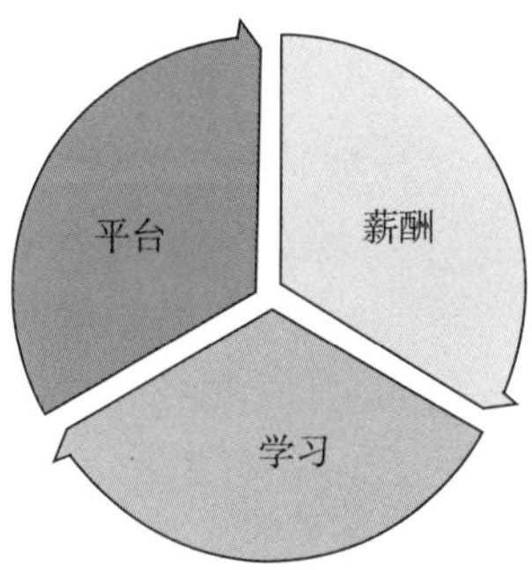

图 9－3　职业发展评价图

最后，根据标准做好选择。有的时候，前面的三条标准，不一定每一条都符合，可谓鱼和熊掌不可兼得，此时，你需要重新审视一下自己的职业目标，弄清自己最终想要的是什么样的成功。如果你目前的平台所提供的薪酬不是很高，但是能提供更多的学习机会和发展机遇，而且对职业发展具有很大促进作用，此时，你不妨选择留下。

通过分析，我们知道了只有清楚地把握了职业发展的路径，才能更好地掌控自己的未来，面对一些外界的诱惑时，才会不至于迷失方向。所有的评判标准和参考都是相辅相成、互相牵制的，而最终你要做什么就看你心系何方、意在何处了。

案例二：抓住发展机会

D&P 品牌发展迅速，又有新店开始装修了，很多优秀的导购都摩拳擦掌，想成为店长，让自己的职业生涯再发展一步。

导购毛小蒙和孙可毅也在暗自使劲，准备着。

孙可毅心想：做好店长无非是统御好下属，让员工信服而已，于是就买了几本管理类的书籍，并将管理知识一一背诵了下来。此后，孙可毅自觉高人一等，不把小伙伴放在眼里，耍起了他富二代的本色。而毛小蒙则兢兢业业地做她的工作，她认真负责做好店长交代的每项任务，与其他同事的关系也非常融洽，因此深得店长的赏识。

一个月过去了，公司公开考核竞选店长。经过笔试、面试，孙可毅名落孙山，毛小蒙也没能如愿。两位都觉得很遗憾，自己都做了很充分的准备，都在别人之上，为什么最终会败北，思前想后，想不明白。

旁白：怎么毛小蒙和孙可毅都不行？公司选择店长的要求是什么啊？

熊老师：他们之所以会名落孙山，主要是两个方面的原因：

一是不懂得如何抓住机会，错误地认为做好店长只要懂管理类的理论知识就可以了。

二是缺少磨炼。竞争过程是残酷的，千变万化的。要想更快地成长，必须经受得起锻炼。虽然在具体工作中他们都有不错的表现，但做事都比较浮躁，思想不够成熟，被淘汰出局也在情理之中。

这场选拔赛也是对他们的磨炼，我想参与就会有收获。

那么，应该如何才能把握发展机会？

每个人在机会面前都是平等的，但是由于每个人抓住机会的能力不同，最终导致有些人的机会会白白流失。

要想把握住机会，要做到以下几点：

第一，做好准备。俗话说“机会是留给有准备的人的”，在遇到机会之前，要调整自己的心态，并且认识到自己的知识储备和能力提升是抓住机会的关键，同时要有不断自我提升和自我完善的意识，敦促自己上进。当机会降临时，才会游刃有余，从容不迫，以免为错失机会而抱怨或是做出极端的行为。

第二，细节决定成败。很多事情都是由一个个细节组成的，只有认真细致地完成好每一件小事，今后才能肩负起更大的重任或是执行比较艰巨的任务。因而不能像案例中的孙可毅一样，紧紧盯着大事情而忽视日常小事。

第三，保持与同事良好的人际关系，为自己升迁提供便利。在职场上，同事的关系确实不同于私人的关系，在一起工作，有合作也有竞争，尤其会涉及升职和加薪等利益关系，要想在职场上获得别人认可，将风险降低，需要注意三个方面的要求：一是与人为善。为人处事，不可颐指气使，居高临下，应该平等共处，与人方便。二是要注意谈话的技巧。根据不同的场合，不同人物的性格，采取不同的谈话策略，增加同事对你的良好印象。三是不要回避竞争，由于竞争也是提高自己能力的一种手段，可谦让但不能退让，积极地参与竞争，以自己的实际能力赢得别人的尊重。

第四，抓住时机推销自己。领导的印象直接关乎下属的加薪或是升迁，所以在领导面前需要抓住一切机会进行自我推销。当然，在日常工作中不必刻意地吹嘘自己，但是需要借助一切合适的场合展现自己，让领导记住你、信任你，以便领导今后能给你提供更多的机会与舞台。

机会是留给有准备的人的，更是留给不断尝试的人的，在不断地尝试中，终究会有一次机会是属于你的。

案例三：突破发展瓶颈

D&P品牌富森店店长张海英是老板娘的一个远方亲戚，当初老板创业时，老板娘从乡下把张海英带到城里做了导购，张海英什么事都愿意做，没有多久老板就让她打理富森店了。就这样，张海英在这工作了7年，逐渐从青涩的导购员成长为店里一个业务娴熟的风云人物。但近一年来，张海英越来越不甘，觉得自己现在的能力已今非昔比，而且物价也涨了很多，自己的收入并没有提高多少，这让她很失落。

张海英也想着换换行业，可是除了卖瓷砖，又不会卖别的产品；想跳槽，但是自己又没有什么学历，虽然也有其他老板来挖角，总觉得不能因为一点钱就“背叛”亲情。张海英就这样陷入左右为难的境地，不知道如何才能实现突破，只能徒增惆怅。

旁白：噢，原来张海英是老板娘的远方亲戚，这事好像没有几个人知道，不过给亲戚干活的确会遇到这样的发展问题，该怎么办呢？

张海英：熊老师，你能帮我分析一下我的处境吗？

熊老师：你之所以出现目前左右为难的困境，主要是两个方面的原因：

其一，遇到了职业发展的瓶颈，找不到突破口，陷入职业的迷茫期，对现有的职业现状有种排斥感，表现出“七年之痒”的症状。

其二，没有远见，缺少生活阅历。由于你所处的环境比较狭窄，同时又过分地依赖于现状，缺少开阔视野的机会。另外，当面临选择时，又以各种担忧与疑虑束缚住自己的手脚，不能跳出自己设置的迷局，重新思考自己的未来。

张海英：那么，我应该如何突破目前的困境呢？

熊老师：要想突破目前的困境，我给你几点建议：

首先，要相信自己，建立自信。只有相信自己，才能从容地、果断地摆脱困局。要想获得信心，平时需要学会排除负面情绪的影响，多积攒一些正面的情绪；此外还要多结交一些自信开朗的人士，远离消极、怯懦的人，以免自己的情绪受到影响；或是通过阅读一些成功人物传记，来激励信心。

其次，拓展人脉交际圈。任何一个成功的人士背后，一定都有一个广泛的人际圈，他们会充分地利用这个圈子里面的各种资源为自己服务。作为导购出身的你可以先将自己身边的朋友梳理一番，建立一个朋友人脉圈；或是挖掘自己曾服务过的顾客，与其保持良好的往来与互动；或是通过社交网站与一些业内的人士建立联系，增进彼此的信任，获取行业内的各方面的信息。

最后，要勇于行动。任何事情都是做出来的，不是空想出来的。你与其站在原地，不如勇敢地迈出第一步，去探索，去发现，去尝试自己的新的职业目标。

关于亲戚这个关系也好办，既然是亲戚就不会阻碍你的个人发展，可以跟老板娘商量，告诉她你想要尝试更多的岗位，如果不行就到其他企业去尝试，学习更多的经验，回来后再为企业效力。大家坦诚地说开就没有问题了，自己纠结在那里，只能造成隔阂，让双方都不愉快。

张海英：哦，我知道，我会处理好的，请熊老师放心。

后来他们……

D&P 建材家居集团公司

D&P 建材家居集团全国单店营业能力急速提升，成为当年销量第一的建材家居品牌。D&P 品牌价值也提升到 180 亿元，业绩平稳，正筹备上市。

恒毅代理公司

恒毅公司逐步转变家族式的管理风格，引入竞聘上岗的机制，让员工活跃起来，不断地开店发展壮大。

金明：依旧当他的品牌经理，对老板忠心耿耿，做事情兢兢业业，此次他也学到了很多管理方法。

张海英：下定决心进行创业，自己代理了一款油漆品牌，年销售额 500 万元，利润接近 50 万元，第一年就买房置地，羡煞旁人。

李燕：依旧在富森店当老员工"李姐"，依然没有什么成长。

庞欢：庞欢把红星店治理得井井有条，一群小姐妹在一起工作很开心，店铺业绩不断翻翻，与富森店并驾齐驱，成为老板眼中当之无愧的金牌店长。

毛小蒙：毛小蒙经过不到一年的实习，对销售有了更深的理解，被调回集团总部，做了一名培训督导。

孙可毅：孙可毅没有多久辞职了，毕竟年轻人要出去闯一闯，导购的经历为他未来的生活会带来什么，谁也不知道，但他是不甘寂寞的人，我们祝他在职业发展的道路上一帆风顺，马到成功。

熊老师：熊老师结束咨询后，去另外一个项目组进行了又一场"治病救人"的过程，他很喜欢，很享受这种帮助他人又提升自己的工作。

博瑞森图书分类导读图＋书目

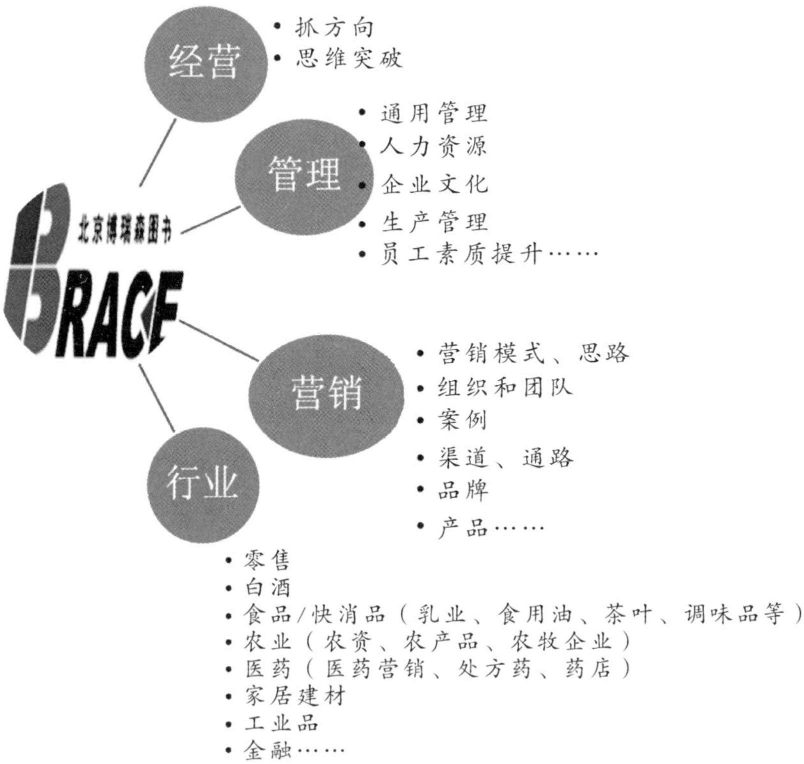

更多实战好书，请关注“**博瑞森管理图书网**”

http://www.bracebook.com.cn

（网站二维码）

行业类：零售、白酒、食品/快消品、农业、医药、建材家居

	书名．作者	内容/特色	读者价值
零售·餐饮	**涨价也能卖到翻** 村松达夫 【日】	提升客单价的15种实用、有效的方法	日本企业在这方面非常值得学习和借鉴
	1. 总部有多强大,门店就能走多远 **2. 超市卖场定价策略与品类管理** **3. 连锁零售企业招聘与培训破解之道** **4. 中国首家未来超市:解密安徽乐城** IBMG国际商业管理集团 著	国内外标杆企业的经验+本土实践量化数据+操作步骤、方法	通俗易懂,行业经验丰富,宝贵的行业量化数据,关键思路和步骤
	零售:把客流变成购买力 丁 昀 著	如何通过不断升级产品和体验式服务来经营客流	如何进行体验营销,国外的好经营,这方面有启发
	餐饮企业经营策略第一书 吴 坚 著	分别从产品、顾客、市场、盈利模式等几个方面,对现阶段餐饮企业的发展提出策略和思路	第一本专业的、高端的餐饮企业经营指导书
白酒	**变局下的白酒企业重构** 杨永华 郭 旭 著	帮助白酒企业从产业视角看清趋势,找准位置,实现弯道超车的书	行业内企业要减少90%,自己在什么位置,怎么做,都清楚了
	1. 白酒营销的第一本书 **2. 白酒经销商的第一本书** 唐江华 著	华泽集团湖南开口笑公司品牌部长,擅长酒类新品推广、新市场拓展	扎根一线,实战
	区域型白酒企业营销必胜法则 朱志明 著	为区域型白酒企业提供35条必胜法则,在竞争中赢销的葵花宝典	丰富的一线经验和深厚积累,实操实用
快消品·食品	**乳业营销第一书** 侯军伟 著	对区域乳品企业生存发展关键性问题的梳理	唯一的区域乳业营销书,区域乳品企业一定要看
	食用油营销第一书 余 盛 著	10多年油脂企业工作经验,从行业到具体实操	食用油行业第一书,当之无愧
	中国茶叶营销第一书 柏 龑 著	如何跳出茶行业"大文化小产业"的困境,作者给出了自己的观察和思考	不是传统做茶的思路,而是现在商业做茶的思路
	变局下的快消品营销实战策略 杨永华 著	通胀了,成本增加,如何从被动应战变成主动的"系统战"	作者对快消品行业非常熟悉、非常实战
	调味品营销第一书 陈小龙 著	国内唯一一本调味品营销的书	唯一的调味品营销的书,调味品的从业者一定要看
	快消品营销:一位销售经理的工作心得2 蒋 军 著	快消品、食品饮料营销的经验之谈,重点突出	来源于实战的精华总结
	快消品营销与渠道管理 谭长春 著	将快消品标杆企业渠道管理的经验和方法分享出来	可口可乐、华润的一些具体的渠道管理经验,实战
	成为优秀的快消品区域经理 伯建新 著	37个"怎么办"分析区域经理的工作关键点	可以作为区域经理的'速成催化器'
	销售轨迹:一位快消品营销总监的拼搏之路 秦国伟 著	本书讲述了一个普通销售员打拼成为跨国企业营销总监的真实奋斗历程	激励人心,给广大销售员以力量和鼓舞
农业	**农资营销实战全指导** 张 博 著	农资如何向"深度营销"转型,从理论到实践进行系统剖析,经验资深	朴实、使用!不可多得的农资营销实战指导
	农产品营销第一书 胡浪球 著	从农业企业战略到市场开拓、营销、品牌、模式等	来源于实践中的思考,有启发
	变局下的农牧企业9大成长策略 彭志雄 著	食品安全、纵向延伸、横向联合、品牌建设……	唯一的农牧企业经营实操的书,农牧企业一定要看
医药	**新医改下医药营销与团队管理** 史立臣 著	探讨新医改对医药行业的系列影响和医药团队管理	帮助理清思路,有一个框架
	医药营销与处方药学术推广 马宝琳 著	如何用医学策划把"平民产品"变成"明星产品"	有真货、讲真话的作者,堪称处方药营销的经典!
	新医改了,药店就要这样开 尚 锋 著	药店经营、管理、营销全攻略	有很强的实战性和可操作性
	OTC医药代表药店开发与维护 鄢圣安 著	要做到一名专业的医药代表,需要做什么、准备什么、知识储备、操作技巧等	医药代表药店拜访的指导手册,手把手教你快速上手

续表

建材家居	建材家居营销实务 程绍珊　杨鸿贵　主编	价值营销运用到建材家居，每一步都让客户增值	有自己的系统、实战
	建材家居门店销量提升 贾同领　著	店面选址、广告投放、推广助销、空间布局、生动展示、店面运营等	门店销量提升是一个系统工程，非常系统、实战
	10步成为最棒的建材家居门店店长 徐伟泽　著	实际方法易学易用，让员工能够迅速成长，成为独当一面的好店长	只要坚持这样干，一定能成为好店长
	手把手帮建材家居导购业绩倍增：成为顶尖的门店店员 熊亚柱　著	生动的表现形式，让普通人也能成为优秀的导购员，让门店业绩长红	读着有趣，用着简单，一本在手、业绩无忧
工业品	解决方案营销实战案例 刘祖轲　著	用10个真案例讲明白什么是工业品的解决方案式营销，实战、实用	有干货、真正操作过的才能写得出来
	变局下的工业品企业7大机遇 叶敦明　著	产业链条的整合机会、盈利模式的复制机会、营销红利的机会、工业服务商转型机会……	工业品企业还可以这样做，思维大突破
	工业品市场部实战全指导 杜　忠　著	工业品市场部经理工作内容全指导	系统、全面、有理论、有方法，帮助工业品市场部经理更快提升专业能力
金融	交易心理分析 （美）马克·道格拉斯　著 刘真如　译	作者一语道破赢家的思考方式，并提供了具体的训练方法	不论你是初入股市的新手，或是股票买卖的老手，如果你想在股市中持续一贯地获利，你都应该读一读这本关于股票交易心理学的书，它会让你超脱输家轮回、晋身市场赢家
	精品银行管理之道 崔海鹏　何屹　主编	中小银行转型的实战经验总结	中小银行的教材很多，实战类的书很少，可以看看
	支付战争 Eric M. Jackson 著 徐　彬　王　晓　译	paypal创业期营销官根据自己的亲身经历，讲述paypal从诞生到壮大到成功出售的整个历史过程	激烈、有趣的内幕商战故事！了解美国支付市场的风云巨变
服装	赚不赚钱靠店长：从懂管理到会经营 孙彩军　著	通过生动的案例来进行剖析，注重门店管理细节方面的能力提升	帮助终端门店店长在管理门店的过程中实现经营思路的拓展与突破

经营类：企业如何赚钱，如何抓机会，如何突破，如何“开源”

	书名．作者	内容/特色	读者价值
抓方向	让经营回归简单．升级版 宋新宇　著	化繁为简抓住经营本质：战略、客户、产品、员工、成长	经典，做企业就这几个关键点！
	公司由小到大要过哪些坎 卢　强　著	老板手里的一张“企业成长路线图”	现在我在哪儿，未来还要走哪些路，都清楚了
	企业二次创业成功路线图 夏惊鸣　著	企业曾经抓住机会成功了，但下一步该怎么办？	企业怎样获得第二次成功，心里有个大框架了
	老板经理人双赢之道 陈　明　著	经理人怎养选平台、怎么开局，老板怎样选/育/用/留	老板生闷气，经理人牢骚大，这次知道该怎么办了
	企业文化的逻辑 王祥伍　黄健江　著	为什么企业绩效如此不同，解开绩效背后的文化密码	少有的深刻，有品质，读起来很流畅
	使命驱动企业成长 高可为　著	钱能让一个人今天努力，使命能让一群人长期努力	对于想做事业的人，‘使命’是绕不过去的
	公司大了怎么管：从靠英雄到靠组织 金国华　著	第一次详尽阐释中国快速成长型企业的特点、问题及解决之道	帮助快速成长型企业领导及管理团队理清思路，突破瓶颈
思维突破	跳出同质思维，从跟随到领先 郭　剑　著	66个精彩案例剖析，帮助老板突破行业长期思维惯性	做企业竟然有这么多玩法，开眼界
	7个转变，让公司3年胜出 李　蓓　著	消费者主权时代，企业该怎么办	这就是互联网思维，老板有能这样想，肯定倒不了
	麻烦就是需求　难题就是商机 卢根鑫　著	如何借助客户的眼睛发现商机	什么是真商机，怎么判断、怎么抓，有借鉴
	重生战略：移动互联网和大数据时代的转型法则 沈　拓　著	在移动互联网和大数据时代，传统企业转型如同生命体打碎与再造，称之为“重生战略”	帮助企业认清移动互联网环境下的变化和应对之道
	互联网思维下的企业战略转型 李　蓓　著	本书阐述了传统企业在互联网思维下的战略转型之路：重新定义产品——重新寻找客户——重新发现价值	利用互联网思维结合自己已有的竞争优势，你也可以创建一个有着无限成长空间的新企业

续表

管理类:效率如何提升,如何实现经营目标,如何"节流"			
	书名. 作者	内容/特色	读者价值
通用管理	1. 让管理回归简单. 升级版 2. 让经营回归简单. 升级版 3. 让用人回归简单 宋新宇 著	宋博士的"简单"三部曲,影响20万读者,非常经典	被读者热情地称作"中小企业的管理圣经"
	边干边学做老板 黄中强 著	创业20多年的老板,有经验、能写、又愿意分享,这样的书很少	处处共鸣,帮助中小企业老板少走弯路
	阿米巴经营的中国模式 李志华 著	让员工从"要我干"到"我要干",价值量化出来	阿米巴在企业如何落地,明白思路了
	欧博心法:好管理靠修行 曾 伟 著	用佛家的智慧,深刻剖析管理问题,见解独到	如果真的有'中国式管理',曾老师是其中标志性人物
	1. 用流程解放管理者 2. 用流程解放管理者2 张国祥 著	中小企业阅读的流程管理、企业规范化的书	通俗易懂,理论和实践的结合恰到好
	跟我们学建流程体系 陈立云 著	畅销书《跟我们学做流程管理》系列,更实操,更细致,更深入	更多地分享实践,分享感悟,分享从实践总结出来的方法论
人力资源	回归本源看绩效 孙 波 著	让绩效回顾"改进工具"的本源,真正为企业所用	确实是来源于实践的思考,有共鸣
	曹子祥教你做绩效管理 曹子祥 著	复杂的理论通俗化,专业的知识简单化,企业绩效管理共性问题的解决方案	轻松掌握绩效管理
	把招聘做到极致 远 鸣 著	作为世界500强高级招聘经理,作者数十年招聘经验的总结分享	带来职场思考境界的提升和具体招聘方法的学习
	走出薪酬管理误区 全怀周 著	剖析薪酬管理的8大误区,真正发挥好枢纽作用	值得企业深读的实用教案
	集团化人力资源管理实践 李小勇 著	对搭建集团化的企业很有帮助,务实,实用	最大的亮点不是理论,而是结合实际的深入剖析
	人才评价中心. 超级漫画版 邢 雷 著	专业的主题,漫画的形式,只此一本	没想到一本专业的书,能写成这效果
	我的人力资源咨询笔记 张 伟 著	管理咨询师的视角,思考企业的HR管理	通过咨询师的眼睛对比很多企业,有启发
	本土化人力资源管理8大思维 周 剑 著	成熟HR理论,在本土中小企业实践中的探索和思考	对企业的现实困境有真切体会,有启发
企业文化	华夏基石方法:企业文化落地本土实践 王祥伍 谭俊峰 著	十年积累、原创方法、一线资料,和盘托出	在文化落地方面真正有洞察,有实操价值的书
	企业文化的逻辑 王祥伍 著	为什么企业之间如此不同,解开绩效背后的文化密码	少有的深刻,有品质,读起来很流畅
	企业文化激活沟通 宋杼宸 安琪 著	透过新任HR总经理的眼睛,揭示出沟通与企业文化的关系	有实际指导作用的文化落地读本
生产管理	高员工流失率下的精益生产 余伟辉 著	中国的精益生产必须面对和解决高员工流失率问题	确实来源于本土的工厂车间,很务实
	车间人员管理那些事儿 岑立聪 著	车间人员管理中处理各种"疑难杂症"的经验和方法	基层车间管理者最闹心、头疼的事,'打包'解决
	1. 欧博心法:好管理靠修行 2. 欧博心法:好工厂这样管 曾 伟 著	他是本土最大的制造业管理咨询机构创始人,他从400多个项目、上万家企业实践中锤炼出的欧博心法	中小制造型企业,一定会有很强的共鸣

续表

生产管理	欧博工厂案例1：生产计划管控对话录 欧博工厂案例2：品质技术改善对话录 欧博工厂案例3：员工执行力提升对话录 曾 伟 著	最典型的问题、最详尽的解析，工厂管理9大问题27个经典案例	没想到说得这么细，超出想象，案例很典型，照搬都可以了
员工素质提升	跟老板"偷师"学创业 吴江萍 余晓雷 著	边学边干，边观察边成长，你也可以当老板	不同于其他类型的创业书，让你在工作中积累创业经验，一举成功
	销售轨迹：一位快消品营销总监的拼搏之路 秦国伟 著	本书讲述了一个普通销售员打拼成为跨国企业营销总监的真实奋斗历程	激励人心，给广大销售员以力量和鼓舞
	在组织中绽放自我：从专业化到职业化 朱仁健 王祥伍 著	个人如何融入组织，组织如何助力个人成长	帮助企业员工快速认同并投入到组织中去，为企业发展贡献力量
	企业员工弟子规：用心做小事，成就大事业 贾同领 著	从传统文化《弟子规》中学习企业中为人处事的办法，从自身做起	点滴小事，修养自身，从自身的改善得到事业的提升

营销类：把客户需求融入企业各环节，提供"客户认为"有价值的东西

	书名．作者	内容/特色	读者价值
营销模式	变局下的营销模式升级 程绍珊 叶宁 著	客户驱动模式、技术驱动模式、资源驱动模式	很多行业的营销模式被颠覆，调整的思路有了！
	卖轮子 科克斯 【美】	小说版的营销学！营销核心理念巧妙贯穿其中，贵在既有趣，又有深度	经典、有趣！一个故事读懂营销精髓
	弱势品牌如何做营销 李政权 著	中小企业虽有品牌但没名气，营销照样能做的有声有色	没有丰富的实操经验，写不出这么具体、详实的案例和步骤，很有启发
	老板如何管营销 史贤龙 著	不要认为营销就是4个P、C、R的概念游戏，揭开营销智慧助力企业成功的内在奥秘	高段位营销16招，好学好用，老板能看，营销人也能看
	动销：产品是如何畅销起来的 吴江萍 余晓雷 著	真真切切告诉你，产品究竟怎么才能卖出去！突破产品滞销困局的实战宝典	击中痛点，提供方法，你值得拥有
组织和团队	升级你的营销组织 程绍珊 吴越舟 著	用"有机性"的营销组织力替代"营销能人"，把营销团队变成"铁营盘"	营销队伍最难管，程老师不愧是营销第1操盘手，步骤、方法都很成熟
	用数字解放营销人 黄润霖 著	通过量化帮助营销人员提高工作效率	作者很用心，很好的常备工具书
	成为优秀的快消品区域经理 伯建新 著	37个"怎么办"分析区域经理的工作关键点	可以作为区域经理的'速成催化器'
	一位销售经理的工作心得 蒋 军 著	一线营销管理人员想提升业绩却无从下手时，可以看看这本书	一线的真实感悟
	快消品营销：一位销售经理的工作心得2 蒋 军 著	快消品、食品饮料营销的经验之谈，重点突出	来源于实战的精华总结
	销售轨迹：一位快消品营销总监的拼搏之路 秦国伟 著	本书讲述了一个普通销售员打拼成为跨国企业营销总监的真实奋斗历程	激励人心，给广大销售员以力量和鼓舞
案例	解决方案营销实战案例 刘祖轲 著	用10个真案例讲明白什么是工业品的解决方案式营销，实战、实用	有干货、真正操作过的才能写得出来
	我们的营销真案例 联纵智达研究院 著	五芳斋粽子从区域到全国/诺贝尔瓷砖门店销量提升/利豪家具出口转内销/汤臣倍健的营销模式/娃哈哈联销体	选择的案例都很有代表性，实在、实操！
	招招见销量的营销常识 刘文新 著	如何让每一个营销动作都直指销量	适合中小企业，看了就能用

续表

案例	**中国首家未来超市:解密安徽乐城** IBMG 国际商业管理集团　著	零售企业的未来在哪里?本书深入挖掘了安徽乐城超市的试验案例,为零售企业未来的发展提供了一条可借鉴之路	通俗易懂,行业经验丰富,宝贵的行业量化数据,关键思路和步骤
产品	**产品炼金术Ⅰ:如何打造畅销产品** 史贤龙　著	满足不同阶段、不同体量、不同行业企业对产品的完整需求	必须具备的思维和方法,避免在产品问题上走弯路
	产品炼金术Ⅱ:如何用产品驱动企业成长 史贤龙　著	做好产品、关注产品的品质,就是企业成功的第一步	必须具备的思维和方法,避免在产品问题上走弯路
	新产品开发管理,就用 IPD 郭富才　著	10 年 IPD 研发管理咨询总结,国内首部 IPD 专业著作	一本书掌握 IPD 管理精髓
品牌	**中小企业如何建品牌** 梁小平　著	中小企业建品牌的入门读本,通俗、易懂	对建品牌有了一个整体框架
	采纳方法:破解本土营销 8 大难题 朱玉童　编著	全面、系统、案例丰富、图文并茂	希望在品牌营销方面有所突破的人,应该看看
渠道通路	**快消品营销与渠道管理** 谭长春　著	将快消品标杆企业渠道管理的经验和方法分享出来	可口可乐、华润的一些具体的渠道管理经验,实战
	传统行业如何用网络拿订单 张　进　著	给老板看的第一本网络营销书	适合不懂网络技术的经营决策者看
	采纳方法:化解渠道冲突 朱玉童　编著	系统剖析渠道冲突,21 个最新的渠道冲突案例、情景式讲解,37 篇专题讲义	系统、全面
	学话术 卖产品 张小虎　著	分析常见的顾客异议,提出破解方案,将复杂的销售程序化,将优秀的话术模块化	让普通导购员也能成为销售精英